JN059311

ケアンズ・グレートバリアリーフ

ララチッタとはイタリア語の「街=La Citta」と、
軽快に旅を楽しむイメージをかさねた言葉です。
海辺のレストランや公園でのんびりしたり、
キュートな動物や、アイランドリゾートに癒されて…
大人女子が知りたい旅のテーマを集めました。

ケアンズ＆グレートバリアリーフで叶えたい ♥♥
とっておきシーン4

Cairns
ケアンズ

Great Barrier Reef
グレートバリアリーフ

マークの見かた

- …世界遺産
- …必見スポット
- …眺望がよいところ
- -30分- …30分程度
- 30〜120分 …30〜120分
- 120分 …120分以上
- …1人分の予算の目安（朝は朝食時昼は昼食時夜は夕食時）。原則として飲み物を含みません。
- …予約が必要
- …ドレスコードあり（ジャケット・タイ着用が望ましい）
- …日本語メニューがある
- …日本語スタッフがいる
- …（酒類販売の）ライセンスあり
- …B.Y.O.可（酒類店内持ち込み可能）
- S …1人部屋または2人部屋の1人使用の宿泊料金（室料）
- T …2人部屋の1泊あたりの 宿泊料金（室料）
- …レストランがある
- …プールがある
- …フィットネス施設がある
- …エステ・スパ施設がある
- …ショップがある
- …ビジネスセンターがある

⊗…交通　⊕…住所　☎…電話番号
開…開館時間、営業時間　休…休み　料…料金
大判…巻末添付の「大判MAP」を指します。

地図記号の見かた

R…レストラン	♦…教会	⚑…ビーチ
C…カフェ	ℹ…観光案内所	⛉…銀行
S…ショップ	◉…日本領事館	⊤…郵便局
N…ナイトスポット	✈…空港	✚…病院
E…ビューティースポット	⚲…バス停	⊗…警察
H…ホテル	▲…タクシー	◆…学校、市役所
卍…寺院	▲…山	⛳…ゴルフコース

その他の注意事項

●この本に掲載した記事やデータは、2023年12月の取材、調査に基づいたものです。発行後に、料金、営業時間、定休日、メニュー等の営業内容が変更になることや、臨時休業等で利用できない場合があります。また、各種データを含めた掲載内容の正確性には万全を期しておりますが、おでかけの際には電話等で事前に確認・予約されることをお勧めいたします。なお、本書に掲載された内容による損害等は、弊社では補償いたしかねますので、予めご了承くださいますようお願いいたします。
●地名・物件名は政府観光局などの情報を参考に、なるべく現地語に近い発音で表示しています。
●休みは基本的に定休日のみを表示し、クリスマスや年末年始、国の記念日など祝祭日については省略しています。
●料金は基本的に大人料金を掲載しています。

ケアンズ＆グレートバリアリーフ 早わかり

オーストラリア北東部に位置するケアンズとグレートバリアリーフの特徴を知ろう！

基本情報

国名：オーストラリア連邦
首都：キャンベラ
面積：約769万km²
人口：約2647万人（2023年）
公用語：英語
入国条件：事前のビザ申請が必要。
詳細は⇒P92
シーズン：オーストラリアは南半球にあるため、日本とは季節が逆。ケアンズの気候などは⇒P99
通貨：A$1＝約96.9円（2024年1月現在）
通貨はオーストラリアドルで本書では「A$」と表記するが、現地では単に「$（ドル）」という。詳細は⇒P98
時差：オーストラリアには3つのタイムゾーンがあり、日本との時差はマイナス1時間〜プラス1時間。また、10月の第1日曜から4月の第1日曜まではサマータイムが実施される州も。詳細は⇒P98

クイーンズランド州基本情報

人口：約544万人
面積：約173万km²

ダーウィン

飛行機で約3時間

ウルル-カタ・ジュタ（エアーズ・ロック）

● パース

美しい海と森が広がるリゾートタウン

❶ ケアンズ ⇒P11
Cairns

日本から近くアクセスも便利なオーストラリアの都市。世界遺産で世界最古の熱帯雨林や紺碧のビーチリゾートへの起点となる温暖な気候のリゾートタウン。

基本情報

時差：+1時間（日本より1時間進んでいる。サマータイムは実施されていない）
アクセス：成田と関西からジェットスター航空、羽田からヴァージン・オーストラリア航空が直行便を運航している。（2023年12月現在）

1：観光列車で行くキュランダ村
2：大自然の中でスリル満点のアクティビティに挑戦
3：海沿いには散策路やプールが整備されている

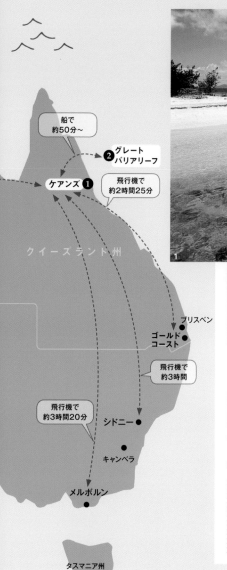

船で
約50分〜

2 グレート
バリアリーフ

ケアンズ **1**

飛行機で
約2時間25分

クイーンズランド州

ブリスベン

ゴールド
コースト

飛行機で
約3時間

飛行機で
約3時間20分

シドニー

キャンベラ

メルボルン

タスマニア州

N

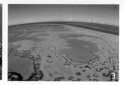

1：透明度抜群の海でさまざまなアクティビティを楽しめる **2**：ダイビングではウ
ミガメに出合えるかも **3**：美しい海がどこまでも広がる

どこまでも広がる美しいサンゴ礁

2 グレートバリアリーフ →P69
Great Barrier Reef

色鮮やかな海洋生物が生息する世界最大級のサンゴ礁群。楽
しいアドベンチャー体験や、優雅なリゾートでのリラックスなど、
非日常を満喫できる。

---- 基本情報 ----

時差：＋1時間
（日本より1時間進んでいる。サマータイムは実施されていない）
アクセス：日本からの直行便はない。各島へはケアンズか
ら船、またはシドニーやブリスベンなどから飛行機でアクセ
スする。

ケアンズを楽しみつくす！
3泊5日モデルプラン

世界遺産の熱帯雨林、青い海、グルメ、ショッピングなどお楽しみいっぱいのケアンズ。
効率よく行動して、魅力を余すところなく満喫できるプランをご紹介！

DAY1
夜便で出発

20:00〜22:00
日本を出発

ADVICE!
アーリーチェックイン
通常、ホテルの部屋に入れるのは14時
以降。到着が早い場合は、事前にアー
リーチェックインをリクエストするか、
フロントに荷物を預けて外出しよう。

DAY2
ケアンズタウンで
オージーの
動物とふれあう

4:30〜6:30
ケアンズ国際空港到着
↓ シャトルバスで15分
7:00
市内のホテル着
↓ 徒歩10分
8:00
海沿いをお散歩
↓ 徒歩10分
9:00
ケアンズ・コアラズ＆クリーチャーズ
でコアラ抱っこ（→P21）
↓ 徒歩5分
12:00
シーフードランチを楽しむ
↓ ホテルへ
14:00〜22:00
「どきどき動物探検ツアー」（→P106）に参加

海沿いの歩道・
ボードウォーク
（→P15）は散歩
におすすめ

海辺の街なので
多彩なシーフー
ド料理が楽しめ
る（→P43）

コアラと一緒に
記念撮影♡

人気のオプショ
ナルツアー。
BBQの夕食付き

アレンジプラン
旅の疲れを癒すなら、午後
はホテルのプールやスパで
のんびり過ごしても。

DAY3
高速船で行く
グリーン島へ
半日ツアー

7:30
「グリーン島エコ・アドベンチャー」ツアーに出発（→P31）
↓ 高速船で50分
9:20
グリーン島到着
↓
14:30
グリーン島出発
↓ 高速船で50分
15:30
ケアンズ到着後、カフェで休憩
↓ 徒歩15分
16:30
ケアンズ・セントラルでショッピング（→P45）
↓ 徒歩15分
18:30
ナイトマーケット＆フードコートを満喫（→P50）

グリーン島へは
ツアーに参加する
のがおすすめ

ADVICE!
有料オプションも多彩
グリーン島で楽しめるアクティビティは、ツア
ーに含まれているもののほかに、さまざまな
オプションもあるので、チェックしておこう。

アレンジプラン
グリーン島以外にも、ケアンズ発
のオプショナルツアーはいろいろ
ある。詳細はP106をチェック！

エスプラネード
沿いのコース
ト・ロースト・
コーヒー（→P15）

おみやげ探しも食事も楽しい
ナイトマーケット

DAY4
世界遺産の森
熱帯雨林の
キュランダへ

工芸品やアクセサリーを販売する
マーケットがある（→P29）

ADVICE!
帰りの時間に注意
レインフォレステーション・ネイチャー・パークで複数のアクティビティを楽しむと、キュランダ村の散策時間が少なくなるので気をつけよう。

アレンジプラン
往路にキュランダ観光鉄道、復路にスカイレールを利用したり、鉄道で往復することもできる。

雰囲気たっぷりのダンディーズ・オン・ザ・ウォーターフロント（→P17）

9:00

スカイレールに乗車
↓ スカイレールで35分

9:45
キュランダ駅に到着
↓ 徒歩10分

10:00

キュランダ村を散策
↓ シャトルバスで5分

11:00
レインフォレステーション・
ネイチャー・パークの
アーミーダック熱帯
雨林ツアーに参加（→P29）
↓ シャトルバスで5分

15:00
名物コーヒーでひと息
↓ 徒歩5分

15:30
キュランダ駅
↓ キュランダ観光鉄道で
1時間55分

17:25
ケアンズ駅到着
↓

19:00
レストランでディナー

熱帯雨林の上空を進むスカイレール（→P26）

水陸両用車に乗って約45分の熱帯雨林ツアーへ

キュランダ・レインフォレスト・コーヒー（→P29）

キュランダ観光鉄道では車窓からの景色を楽しんで（→P26）

DAY5
日本に帰国

8:00

ウールワースでおみやげ探し（→P49）
↓ 徒歩5分

9:30
ホテルを出発
↓ 車で15分

11:00〜13:00
ケアンズ国際空港出発
↓

18:00〜20:00
日本到着

お菓子や日用品が充実した大手スーパーマーケット

アレンジプラン
金〜日曜ならラスティーズ・マーケット（→P45）でローカルに混じって朝食を。

ケアンズ&グレートバリアリーフで叶えたい♥

とっておきシーン4

キュートなコアラの抱っこや、きらめく碧い海でのアクティビティ、
広大な世界遺産の熱帯雨林へのワンデイトリップなど、
このエリアで楽しみたい、とっておきの4シーンをご紹介!

もぐもぐ
タイム〜♪

SCENE 1

やっぱりかわいい!
不動の人気NO.1!
コアラ抱っこ♡

ケアンズのあるクイーンズランド州はオーストラリ
アのなかでも、コアラ抱っこが体験できる貴重な州。
愛くるしいコアラを抱いて記念撮影をしよう。

コアラを抱えられるポーズをとる
と、スタッフがコアラをのせてく
れる。詳細はP20をチェック!

おやすみ…
Z z z

木登り大好き!

Cute♡

**ケアンズでコアラ抱っこが
できる場所**

♥ケアンズ・コアラズ&
クリーチャーズ→P21

♥レインフォレステーション・
ネイチャー・パーク→P29

♥キュランダ・コアラ・
ガーデンズ→P29

♥ハートリース・
アドベンチャーズ→P35

♥ワイルドライフ・
ハビタット→P35

コアラとの記念撮影の料金は施設により異なるが、A$35前後

サンゴ礁が広がる
紺碧の海

グリーン島で
マリン・アクティビティに挑戦！

ケアンズの沖合27km、美しい海に浮かぶグリーン島は、日帰りで楽しめる人気スポット！さまざまなアクティビティにチャレンジして、美しい海をめいっぱい楽しもう♪

透明度バツグン
ダイビング

体験ダイビングもファンダイブも楽しめる。運がよければウミガメと泳ぐことができるかも。

泳げなくても平気
シー・ウォーカー

空気が送られてくる特製ヘルメットを被り、気軽に海底を散歩できるのがポイント。

ナポレオンフィッシュ

ライオンフィッシュ

ウミガメ

カクレクマノミ

らくらく水中観察
グラス・ボトム・ボート

船底がガラス張りになった船に乗り、解説を聞きながらサンゴ礁や魚の観察ができる。

憧れの空中散歩
パラセイリング

モーターボートに引っ張ってもらい上空から海を一望。爽快感とスリルがクセになる！

SCENE 3

♪♪ ♪♪

行き帰りの乗り物からの絶景も楽しみ！

キュランダで世界遺産の熱帯雨林を満喫！

太古から続くオーストラリア最大の熱帯雨林に囲まれたキュランダ村。村への移動手段の鉄道やスカイレールの車窓からもその雄大な自然を体感できる。

スカイレール

熱帯雨林の上空を移動するロープウェイ。底がガラス張りの特別なゴンドラも（→P26）。

⬆レッド・ピーク駅では、レンジャーが森を案内するツアーを催行（→P27）

キュランダ観光鉄道

ノスタルジーな雰囲気たっぷりの木製車両の観光列車が大自然の中を進む（→P26）。

Exciting!!

SCENE 4

グレートバリアリーフの絶景

幸せの象徴♡ ハート・リーフに会いに行く

グレートバリアリーフ最大級のリゾート、ハミルトン島（→P76）のアクティビティ人気No.1が遊覧飛行。コバルトブルーの海とサンゴ礁の景色は感動ものだ。

Fantastic! ♥

⬆遊覧飛行では幻想的な白砂のホワイト・ヘブン・ビーチも訪れるツアーも

水上飛行機で遊覧飛行

Area1

ケアンズ

Cairns

ビーチ遊びも、熱帯雨林の高原も、

アニマルスポットも！

オーストラリアのお楽しみが詰まった、人気タウン♡

世界遺産の海と森に囲まれた自然豊かな街

ケアンズ
エリアNAVI

ショッピングエリア
★ケアンズ★
★ポートダグラス★
ビーチエリア ★パームコーブ ★キュランダ ネイチャーエリア
★グリーン島
アクティビティエリア

東海岸北部のケアンズは、南国ムード漂うのんびりした街。グレートバリアリーフや熱帯雨林の高原、周辺ビーチリゾートへの起点にもなる。

→P14 *Cairns*
ケアンズ MAP P115 ①

トロピカルな雰囲気が楽しめる街。中心となるのはケアンズシティBSで、ヤシの木が連なる海岸沿いの通りがエスプラネード。市内はコンパクトにまとまっていて、徒歩で充分回れる。

CHECK!
●ラグーン・プール（→P14）
●オーシャンビューのレストラン（→P16）
Access>>>ケアンズ国際空港から車で約15分

エリアの楽しみ方
エスプラネード沿いの公園とラグーン・プールがリラックスできるスポットとして人気。海岸沿いの散策や、海を臨むカフェやレストランでのブレイクタイムがおすすめ。

海と山に囲まれたリゾートタウン

主要4エリア

ケアンズ中心部
MAP P116-B1〜2 大判表-B1〜2
ケアンズシティBS（バスステーション）の周辺。シールズ通りの一部は歩行者天国。
所要時間 ケアンズ国際空港から車で約15分

エスプラネード The Esplanade
MAP P117-C1 大判表-C1
賑やかな海岸通り。シールズ通りとのT字路周辺はメイン・プラザとよばれる。
所要時間 ケアンズシティBSから徒歩4分

ハーバー周辺 Around the Harbour
MAP P117-D3 大判表-D3
G.B.R.などへのクルーズ船が出航する、リーフ・フリート・ターミナル周辺のエリア。
所要時間 ケアンズシティBSから徒歩8分

ケアンズ駅 Cairns Station
MAP P116-A2 大判表-A2
長距離列車やキュランダ観光鉄道が発着する。ケアンズ・セントラル（→P45）も隣接。
所要時間 ケアンズシティBSから徒歩9分

→P26 *Kuranda*
キュランダ ②
MAP P114-A2

ケアンズの北西約25kmに位置する、アサートン高原の玄関口。工芸品のマーケットを巡るのが楽しい。コアラとふれ合える動物園もある。

CHECK!
●キュランダ観光鉄道とスカイレール（→P26）
●キュランダ村（→P28）
Access >>> ケアンズ駅からキュランダ観光鉄道で約2時間。またはケアンズから車で15分のスミスフィールド駅からスカイレールで35分

エリアの楽しみ方
100年以上の歴史を持つレトロな観光鉄道でキュランダへ。車窓から風光明媚な景観を満喫しよう。帰りはスカイレールを利用すればまた違った景色が楽しめる。

➡️P64 *Port Doug*
ポートダグラス
`MAP` P114-A2 ⑤

ケアンズから北へ約70kmの半島に位置する。白砂のビーチ沿いには高級ホテルや別荘が立ち並び、半島の先端にある街の中心部には、洗練されたカフェやショップが軒を連ねる。

世界屈指の人気リゾート

CHECK!
●マクロッサン通り(→P64)
●フォー・マイル・ビーチ(→P65)
Access>>> ケアンズからトランスリンクで約1時間20分。または車で約1時間

エリアの楽しみ方
約6km続くフォー・マイル・ビーチとメインストリートのマクロッサン通りが人気。グルメ、エステ、ショッピング、ゴルフなど楽しみがいっぱい。

➡️P60 *Palm Cove*
パームコーブ
`MAP` P114-B2 ④

ケアンズから北へ約30kmの近場のリゾート。海岸沿いにはホテルやレストランが立ち並び、各国から訪れる観光客で賑わう。質の高いトリートメントが受けられるスパも多い。

日帰りで行ける・ビーチリゾート

CHECK!
●パームコーブ・ショッピング・ビレッジ(→P61)
●アラマンダ・パームコーブ・バイ・ランスモア(→P62)
Access>>> ケアンズからトランスリンクで約1時間、または車で30分

エリアの楽しみ方
まずは、美しいビーチやヤシの木が並ぶウィリアム・エスプラネードを散策。その後はリゾートムード満点のレストランやスパで極上のリラックスタイムを。

◀ デインツリー国立公園、ケープ・トリビュレーションへ

⑤ ポートダグラス
Port Douglas P64

ワイルドライフ・ハビタット P35
Craiglie

ハートリーズ・アドベンチャーズ P35

トリニティ湾
Trinity Bay

ミコマス・ケイ
Michaelmas Cay
P82

グレートバリアリーフ
Great Barrier Reef

エリス・ビーチ
Ellis Beach

Great Barrier Reef Dr.

④ パームコーブ
Palm Cove P60

Double Is.

ケワラ・ビーチ
Kewarra Beach

Rainy Mt. 753

② キュランダ
Kuranda P26

レインフォレステーション・ネイチャー・パーク P29

キュランダ駅
Kuranda Terminal

スカイレール
Skyrail P26

スミスフィールド駅
Smithfield Terminal

マチャンズ・ビーチ
Machan's Beach

グリーン島 ③
Green Is.
P30

Cape Grafton

✈ ケアンズ国際空港

Mt. Williams 1009

キュランダ観光鉄道
Kuranda Scenic Railway P26

フレッシュウォーター駅
Fresh-Water Stn.

① ケアンズ
Cairns P14

ケアンズ駅
Cairns Stn.

Mt. Gorton 819

False Cape

Mt. Yarrabah 230

King Beach

フィッツロイ島
Fitzroy Is.
P86

Great Dividing Range

Kennedy Hwy.

マリーバ
MAREEBA

Davies Creek National Park

モリス湖
Lake Morris

クロッシー・リバー
Clohsy River

N

0 ── 10km

ケアンズ・ボタニック・ガーデン P53

Edmonton

Grey Peaks National Park

ケアンズから最も近いグレートバリアリーフ

◀ バロネラ・パーク、ウールーヌーラン国立公園へ

➡️P30 *Green Island*
グリーン島
`MAP` P114-B2 ③

ケアンズから高速船で約50分のところに位置するコーラル・ケイ(サンゴ礁の島)。島の西側に船が発着し、東側に熱帯雨林地帯、北側にビーチがある。一周歩いて40分ほどで回れる。

CHECK!
●グリーン・アイランド・リゾート(→P30)
●マリン・アクティビティ(→P32)
Access>>> ケアンズのリーフ・フリート・ターミナルからグレート・アドベンチャーズの高速船で約50分

エリアの楽しみ方
スノーケリングやシー・ウォーカーなどマリン・アクティビティが充実しているので、ぜひチャレンジを。上空から島を眺めるツアーなどもある。

オージー気分を満喫♪
ケアンズタウンウォーク

約3kmの海岸通り、エスプラネードは
ケアンズを象徴するエリア。
散策したり、カフェでのんびりしたり、
バカンス気分を満喫しよう。

1.BBQを楽しむ地元の学生
2.ボードウォーク　**3.**街中に
あるレンタサイクルショップ

木陰でのんびりする
オージーの姿も

エスプラネード
MAP P117-C2

A ラグーン・プール
The Lagoon Pool

青い海をバックにひと泳ぎ

エスプラネード沿いにある無料の屋
外プール。水深は80cm〜1.5mで、子
どもから大人まで楽しめる。ライフガ
ードが常駐しているので安心。

DATA ⊗ケアンズシティBSから徒歩5分
⊕The Esplanade ☎ (07) 4044-3715
⊕ 6〜21時(水曜は12時〜)
⊛なし ⊛無料

レジャーシート
を忘れずに

ココがオージー気分♪
プールの周りには
砂浜と芝生が広がる。ビーチにいる
気分で寝転がって、
こんがり肌を目指そう。

▲▲▲ ケアンズタウンの
歩き方 ▲▲▲

Point 1 歩くときの目印は？
海側のラグーン・プールと駅
側のケアンズ・セントラルが目
印。市内の街路は碁盤目状な
のでわかりやすい。

Point 2 賑やかなのは？
海岸沿いのエスプラネードと
アボット通りを中心に、飲食
店やショップが集まっている。

Point 3 郊外への交通手段は？
ケアンズシティBSから近郊の
ビーチへのバスが発着。タク
シーは乗り場で待つか迎えに
きてもらおう。

熱帯魚のオブジェが印象的

check

シャワー
屋外に簡易シャワー、レスト
ルームに温水シャワーがあ
り、無料で利用できる

ロッカー
レストルーム横に暗証番号
式のロッカーが設置されて
いる。1日A$8

キオスク
プール横にキオスクがあり、
ビーチアイテムや軽食、みや
げものなどを販売

朝からオープンするカフェも多い

Ⓑ エスプラネード
The Esplanade

熱帯植物が生い茂る海岸通り

海岸沿いの目抜き通り。オープンテラスのレストランやカフェが軒を連ね、心地よい海風を感じながら食事が楽しめる。

サイクリングロードも併設

> **ココがオージー気分♪**
> エスプラネード沿いの公園は絶好の散策スポット。散策後はカフェで朝食がおすすめ。

多くの観光客で賑わうエスプラネード

Muddy's Playground
マディーズ・プレイグラウンド
子どもが遊べる遊具がいっぱい。水遊びもできるので水着持参で行こう。

MAP P117-C1

Ⓒ ボードウォーク
Boardwalk

トリニティ湾の景色を堪能

野鳥観察用の望遠鏡やベンチもある

海岸沿いに設置された板張りの遊歩道。ハーバーに停泊するヨットやボートを眺めたり、野鳥を観察しながらのんびりしよう。

ハーバー周辺にもボードウォークがある

The Reef Eye
ザ・リーフ・アイ
高さ35mの観覧車。
🕙10〜22時 ⑭なし
🈁A$12（3〜10歳はA$10）

ラグーンには珍しい海鳥が集う

> **ココがオージー気分♪**
> 早朝や夕方、海を眺めながら散歩するのがオージー流。ジョギングするローカルも多い。

ケアンズ・ハーバー
Cairns Harbour

Ⓐ ラグーン・プール

ケアンズ中心部　MAP P117-C2

Ⓓ ケアンズ・アート・ギャラリー
Cairns Art Gallery

地元アーティストの作品が集結

ケアンズやノースクイーンズランドのアーティスト作品を中心に展示する美術館。アボリジナル・アートの常設展示もある。所要約40分。館内の「ギャラリー・ショップ」では、アーティストの作品やミュージアムグッズを購入できる。

BBQ
バーベキュー
海沿いの芝生の広場には無料で利用できるバーベキューキッチンがある。

1936年に建てられた由緒ある建物にある　DATA⇒P54

市内中心部にあり、気軽にアートを鑑賞できる

地図内の地名等:
Minnie St.
マンロー・マーチン公園
McLeod St.
Florence St.
朝から晩まで賑わう
Sheridan St.
大型ショッピングセンター
Grafton St.
Lake St.
Aplin St.
図書館
ケアンズ・セントラル
ケアンズシティBS
Abbott St.
ナイトマーケット
シャングリ・ラ ザ・マリーナ ケアンズ
Shields St.
ケアンズ駅 CAIRNS STN.
ラスティーズ・マーケット
Spence St.
リーフ・フリート・ターミナル Reef Fleet Terminal
マーリン桟橋 Marlin Jetty
Ⓑ エスプラネード
Ⓒ ボードウォーク（遊歩道）
Esplanade
Ⓐ Ⓔ Ⓓ Ⓕ

Cairns Scooter & Bicycle Hire
ケアンズ・スクーター＆バイシクル・ハイヤー
レンタサイクルショップ。レンタサイクル1日A$15〜。（→P41）

ひと休みSPOT

エスプラネード　MAP P117-C2

Ⓔ コースト・ロースト・コーヒー
Coast Roast Coffee

プールと海を眺めながら朝食

ラグーン・プールの目の前にある早朝オープンのカフェ。ボリューム満点の朝食メニューが豊富に揃う。

DATA 🚌ケアンズシティBSから徒歩4分 🏠Cnr. Sheids St. & The Esplanade ☎なし 🕙6時30分〜15時 ⑭なし

サンドイッチA$12〜10種類

ケアンズ中心部　MAP P117-C2

Ⓕ ペロッタズ・アット・ザ・ギャラリー
Perrotta's at the Gallery

地元で人気のイタリアン

ケアンズ・アート・ギャラリーに併設したレストラン。シールズ通りに面したオープンデッキの開放的な造り。早朝から夜まで営業していて、カフェとしての利用はもちろん、本格的なイタリアンも味わえる。

DATA⇒P44

屋根付きなので雨でも安心

海辺の特等席へ
OZグルメでご機嫌♡

ケアンズらしい海辺の景色を楽しむなら、ハーバー周辺のレストランへ。
オーシャンビューの特等席でOZグルメを堪能しよう。

スタッフのイチオシ！
オープンキッチンで調理した料理をすぐに提供しています。カジュアルな雰囲気も魅力ですよ。

おすすめMENU
❖バリ風ナシゴレン … A$24
❖モンドー・クラシック・シーザーサラダ … A$18.90〜

ハーバー周辺　多国籍料理

Mondo on the Waterfront　MAP P117-C4

モンドー・オン・ザ・ウォーターフロント

ウォーターフロントのダイニング

海を間近に望む絶好のロケーション。スリランカ出身のシェフが作る、メキシコやアジアのテイストを取り入れた独創的な料理が評判だ。

予算 ランチ、ディナーともにA$30〜
DATA ➡P56

1.入り江に面したオープンテラス席 2.シズリングA$34（手前）

ハーバー周辺　モダンオーストラリア料理

Salt House　　MAP P117-D2

ソルト・ハウス

バリ風の開放的なレストラン

マリーナを見渡すオープンエアのレストラン。イタリアンやフレンチの創作メニューが食べられる。バースペースは地元の若者に人気。予約不可。
予算 ランチA$30〜、ディナーA$60〜
DATA ➡P43

おすすめMENU
❖炭火焼ステーキ…… A$39〜
❖生ガキ …… 1個A$4.50

ヨットクラブに隣接するソルト・ハウス

1. シーフードメニューも豊富
2. 夜は地元の若者が集う人気スポット

スタッフのイチオシ！
曜日ごとにDJイベントやライブ演奏を開催。落ち着いて食事をするならランチタイムがおすすめ。

ハーバー周辺　シーフード

Tha Fish　MAP P117-D2

タ・フィッシュ

おすすめMENU
❖シーフード・プレート A$140（2人）
❖シーフードパエリア A$39.90

鮮度抜群のシーフードが味わえる

地元でとれた新鮮な海の幸を使った料理が自慢。シーフードを中心に、ステーキやベジタリアンメニューも用意。
予算 ランチA$20〜、ディナーA$50〜
DATA ⊗ ケアンズシティBSから徒歩10分 ⊕ ザ・ピア・ケアンズ（→P46）内 ☎(07) 4041-5350 ⊙11時30分〜15時、17時30分〜深夜 ㊡月・火曜

スタッフのイチオシ！
マッドクラブとクレイフィッシュは生け簀から取り出してすぐに調理するから新鮮だよ。

1.鮮度抜群のクレイフィッシュを手にするシェフ 2.魚料理の一例。野菜もたっぷり

海辺の倉庫を改装している

ケアンズ / OZグルメでご機嫌♡

ハーバー周辺 ビアレストラン

Hemingway's Brewery Cairns Wharf [MAP] P117-C4

ヘミングウェイ・ブリュワリー・ケアンズ・ワーフ

話題を集めるビアレストラン

ポートダグラス(→P64)にあるビール醸造所が運営するレストラン。ビール工房を併設し、自慢の地ビールとお酒に合う料理が楽しめる。地ビールが絶品。

予算 ランチ、ディナーともにA$35〜
DATA ➡P43

ヒーローバーガーA$26

おすすめMENU
❖チーズバーガー(ポテト付き) A$26
❖マルゲリータ .... A$20

スタッフのイチオシ!
地ビールは種類が豊富。選ぶのに迷ったらまずはテイスティングパドルA$26で試してみて。

大型客船が停泊することもある港を臨む

ハーバー周辺 モダンオーストラリア料理

Dundee's on the Waterfront [MAP] P117-D3

ダンディーズ・オン・ザ・ウォーターフロント

老舗レストランで伝統のOZ料理を

カンガルーやエミュー、ワニなど、オーストラリア先住民の肉料理、ブッシュ・タッカーが味わえる。シーフードメニューも充実。

予算 ランチA$19.50〜、ディナーA$40〜
DATA ⊗ ケアンズシティBSから徒歩10分
⊕ 1 Marlin Pde. ☎ (07) 4051-0399
⊗ 11時30分〜14時30分、14時30分〜17時(ラウンジメニュー)、17時30分〜深夜
⊛なし

1.ハーバー越しに山を望む好ロケーション
2.複数の肉と魚を盛り合わせたオーストラリアンサンプラー・プレートA$42.50

スタッフのイチオシ!
伝統食材を現代風にアレンジした料理がおすすめ。創業30年以上の老舗ならではの雰囲気も魅力です。

1

2

おすすめMENU
❖シーフードタワー .... A$105
❖オージービーフステーキ
.... A$44〜

スタッフのイチオシ!
オーストラリアンステーキサンドイッチ$22やプルドポークバーガー$28も大人気ですよ。

ハーバー周辺 カフェ

Blu Marline Bistro [MAP] P117-D3

ブルー・マーリン・ビストロ

港の景色が一望のイタリアンカフェ

ボリューム満点のパスタやリゾット、グリルバーガーはがっつりランチにぴったり。パンケーキやマフィンなども充実。

予算 ランチA$6.90〜 **DATA** ➡P44

おすすめMENU
❖バナナとヌテラのパンケーキ ... A$20
❖エッグベニー .... A$25

1.船の発着所の前の赤いパラソルが目印 2.生クリームがたっぷりのクリームパラダイス パンケーキA$15

🍽要予約 ドレスコード 日本語メニュー
日本語スタッフ ライセンスあり

OZ食材図鑑

ビーフやシーフードをはじめ、オーストラリアで食べられる伝統的な食材をご紹介!

【OZビーフ】
牧草だけで育つ牛と穀物を与えて育つ牛の大きく2つに分かれ、後者のほうが肉質が軟らかくジューシー。

【カンガルー】
牛肉よりも低脂肪な赤身の肉。スーパーでも普通に購入できる。

【エミュー】
高タンパク、低カロリーの赤身の肉。ミンチにして食べることが多い。

【ワニ】
淡白な白身の肉で、あっさりしている。味や食感は鶏のささみのよう。

【マッドクラブ】
爪の大きな泥カニ。泥臭さはなく、茹でてそのまま食べてもおいしい。

【ロブスター】
大型ロブスターよりも、クレイフィッシュ(伊勢エビの一種)が一般的。

【バラマンディ】
ケアンズ近郊の河口付近に生息する白身の魚。近年は養殖が多い。

マストバイ♥オージーブランド
お買い物天国へGO!

日本でも人気のファッションブランドのアイテムや、自然派コスメは
ぜひ買って帰りたいもの。本場オーストラリアで手に入れよう！

スワロフスキーがきれい
なマーメイドA$36 **C**

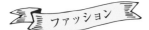
ファッション

キュランダ店限定の
ケアンズプレート
A$28 **C**

「夢に向かって飛行す
る」という意味を持つ
ペガサスA$20 **C**

ビコ
Bico
地元サーファーから
ブームになったアク
セサリーブランド。

後ろ姿がおしゃれ
なバックプリントの
TシャツA$49.99 **A**

リップ・カール
Rip Curl
オーストラリアのデザ
イナーが手掛けるサー
フブランド。

ショート丈のプレミア
ムサーフストライプシ
ャツA$79.99 **A**

オーガニックコッ
トンを使用したハ
ットA$49.99 **A**

オーストラリアの
海と空に映えそう
（上）A$120（下）
A$80 **D**

アグ
UGG
羊の皮を使ったシー
プスキンブーツ
のパイオニア。

モンテ・アンド・ロウ
Monte & Lou
絶妙なフィット感とファッ
ション性の高いスイム&リ
ゾートアイテムを展開。

厚底のウーマンズ
UGG プラットホーム・
ミニ・ブーツA$230 **B**

メタルバッチのロゴを配した
プラティナ・スティンガー・
ローA$189.95 **B**

上下のアレンジが
可能なリバーシブ
ル（上）A$90（下）
A$80 **D**

エミュー
Emu
オーストラリアのシープス
キンの産地ジロング発祥。

自然派コスメ

**ハンド&ネイルクリーム3本セット
A\$39.95（単品各A\$27.95）** E

マインビーチ
MAINE BEACH
オーガニックコスメブランドで、オーストラリアのボディケアの匠が創業。

コハル
KOHARU
ケアンズ在住の日本人による100%天然素材の手作り石鹸。

ハニー&ラベンダーなどさまざまな香りが揃うソルトソープ各A\$7 E

ナチュラル素材を使用したハンド&ネイルクリーム
100mlA\$25.95 F

アーバン・リチュエル
Urban Rituelle
オーストラリア産の天然素材にこだわるコスメブランド。

パーフェクト・ポーション
Perfect Potion
天然素材のみを使用したナチュラルケア製品を提供。

アロマの香りがマスクを包むマスクスプレー25mlA\$14.95 E

アウトドアの定番、虫除けスプレー
125mlA\$15.95 E

自社農園のハーブエキスを配合したローズ ハンドクリーム40mlA\$32 G

ジュリーク
Jurlique
オーストラリアのコスメブランドの代表格。全製品に植物由来の原料を配合。

高保湿化粧水、ハイドレイティング ウォーターエッセンス+
150mlA\$80 G

濃密に保湿するニュートリディファイン クリーム
50mlA\$146 G

ここで買える！

Ⓐ **リップ・カール**
Rip Curl MAP P117-C2

Ⓑ **オーストラリアン・レザー・カンパニー**
The Australian Leather Company →P47

Ⓒ **ビコ**
Bico →P47

Ⓓ **スプリッシュ・スプラッシュ**
Splish Splash →P45

Ⓔ **ケアンズ・フジイ・ストア**
Cairns Fujii Store →P47

Ⓕ **レインフォレスト・ギフト**
Rainforest Gift MAP P117-C2

Ⓖ **マイヤー**
Mayer →P45

ジーン・チャールズ・コスメティックス
Jean Charles Cosmetics
全製品オーストラリアンメイドで、高品質で使いやすい化粧品が評判。

ホホバ・カンパニー
The Jojoba Company
自家農園で栽培するホホバの実から抽出したオイルのみを使用。

ほとんどの肌タイプに適したエミューオイルビタミンEクリームA\$12.95 F

肌の新陳代謝を活性化させるビタミンE配合のプラセンタクリームA\$12.95 F

スキンケア、ヘアケアなどに使えるオーストラリアンホホバオイル
30mlA\$19.95 G

ケアンズ・セントラル
Cairns Central MAP P116-A2 →P45

オージーブランドが大集合
180店もの店舗が集まるケアンズ最大のショッピングモール。デパートやスーパーマーケットも入っている。

●スミグル➡P45
●コールス➡P49
●上記 Ⓓ Ⓖ

2階建ての吹き抜けの建物

超カワイイ仕草がたまらない!
大好き オージーアニマル

人気5

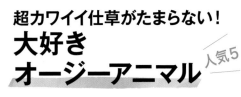

オーストラリアには、ココにしかいない
珍しい動物がいっぱい。
自然に近い環境でのびのびと暮らす
動物たちにあいに行こう!

その1 コアラ

ココであえる!
A B C D E

地球上でオーストラ
リアの東部のみに生
息する。オスの体長
は約80㎝、メスは約
70㎝で、南にすむ
コアラほど体が大き
く、体毛が長い。好
物はユーカリの葉。

ん〜眠い…

エネルギーを節約する
ため1日20時間も眠る

ココで体験! A B C D E

コアラを抱っこしてみよう

Step1
コアラのお尻を
支える左手をお
へその辺りに固
定し、コアラを抱
きかかえる右腕
を伸ばす

Step2
スタッフが左手
にコアラを乗せ、
コアラの腕を右
腕にもたれかけ
させてくれる

Step3
コアラを抱っこ
したら、カメラに
向かってにっこり
ポーズ!しっか
り抱きかかえて

コアラはおとな
しいので怖がら
なくて大丈夫

鋭い爪が生えた5本の指は2本
と3本に分かれ、木の枝を掴み
やすく、樹上生活に適している。

指

よいしょっと♪
木の上にいるの
大好き!

体毛

全身を覆うモコモコの
毛は、細かく縮れたコイ
ル状。暑さ寒さを凌
ぎ、防水効果もある。

アタシのしっぽ
スッゴイの
3本目の足って
感じだョ〜

メスのお腹に
は袋がある。
未熟な状態で
生み、生後7
〜18カ月間は
袋の中で子育
てをする。

袋

しっぽ

太くて大きなしっぽで、
ジャンプするときにバラ
ンスをとったり、蹴る
ときに体を支える。

ブドウやリンゴなど果物も大好物

餌を持つ手を掴
んで離さない

その2 カンガルー

ココであえる!
B C D E

カメラは
こっち?

オーストラリア全土に
生息し、野生でも見ら
れる。体長約30㎝の小
型種から約1.5mの大
型種まで多彩で、発達
した後ろ足で飛び跳ね
ながら移動する。

お腹が空いて
いるとたくさん
集まってくる

ココで体験! B C D E

カンガルーに餌やりをしてみよう

Step1
動物園で販売している専
用の餌を購入しよう。ほか
の動物には与えないこと

Step2
餌を多めにとって手のひら
に乗せ、カンガルーの口元
へそっと差し出そう

Step3
飛びかかってくることはな
いので冷静に。手で支え
て餌を食べる姿がキュート

その③ ウォンバット

チャームポイントははきな鼻とつぶらな瞳!

ココであえる!
Ⓒ Ⓓ Ⓔ

オーストラリア南東部とタスマニアに生息する草食動物。夜行性のため、昼間は穴の中で過ごすことが多い。朝夕なら動いている姿を見ることもできる。

日中はほとんど眠っている

おやすみ

鼻 ナニナニ?
アボリジニの言葉で「平たい鼻」を意味するウォンバット。その名のとおり、鼻が特徴的。

＼ ガー ／ ←アクビかな!?

その④ クロコダイル

ココであえる!
Ⓐ Ⓑ Ⓒ Ⓓ Ⓔ

海水と淡水に住むクロコダイル(ワニ)がいるが、なかでもオーストラリア北部の海水に生息するイリエワニは極めて凶暴で、7mほどに成長することも。

いっちゃったー

迫力ある姿を見るならショーがおすすめ

歯
獲物に食らいついたら離さず、水中に引きずり込むほどの強靭なアゴと歯を持つ。

とさか
茶褐色のとさかは骨質で硬く、森で生活するときに頭を守る役割があるとされる。

コワがらないでオレを見てくれー

ええ、ワタクシ飛べませんの…

その⑤ カソワリ

ココであえる!
Ⓑ Ⓒ Ⓓ Ⓔ

オーストラリア北東部の熱帯雨林に生息。世界で3番目に重い鳥で飛ぶことができない。果実の種子が混ざった糞を落とすことで森林の維持に役立っている。

気性が荒いので檻の中で飼育されている

驚かさないでね

オシャレでしょ

毛は真っ黒で首から上は色鮮やか

あえる場所一覧

ハーバー周辺

Ⓐ ケアンズ・コアラズ&クリーチャーズ
Cairns Koalas & Creatures

MAP P117-D2

施設規模	★
動物の種類	★
ふれあい度	★
アクセス	★★★

熱帯雨林や湿地帯の生き物を中心に展示する施設。コアラと一緒に記念撮影ができる。

DATA ⊗ケアンズシティBSから徒歩10分 ⊕ザ・ピア・ケアンズ(→P46)内 ☎(07)4020-8200 ⊕9〜17時 ⊛なし ⊕コアラフォト込みでA$33〜 ※撮影は1日8回、各回最大20名

ポートダグラス

Ⓑ ワイルドライフ・ハビタット
Wildlife Habitat

MAP P119-A4　　→P35

施設規模	★★★
動物の種類	★★★
ふれあい度	★★★
アクセス	★

キュランダ

Ⓒ レインフォレステーション・ネイチャー・パーク
Rainforestation Nature Park

MAP P114-B2　　→P29

施設規模	★★★
動物の種類	★
ふれあい度	★
アクセス	★

キュランダ

Ⓓ キュランダ・コアラ・ガーデンズ
Kuranda Koala Gardens

MAP P28　　→P29

施設規模	★
動物の種類	★
ふれあい度	★★★
アクセス	★★

ケアンズ郊外

Ⓔ ハートリーズ・アドベンチャーズ
Hartley's Crocodile Adventures

MAP P114-A2　　→P35

施設規模	★★★
動物の種類	★
ふれあい度	★
アクセス	★

思い出に残るネイチャー体験を
アクティビティに挑戦！

壮大な自然はケアンズ最大の魅力。年齢・経験を問わず楽しめる
アクティビティが充実している。大空や大地で遊びつくそう。

川下りをしながら
自然の豊かさを実感

ラフティング

White Water Rafting 【体験時間】約1時間30分

大自然の中でスリル満点の川下り

世界遺産の熱帯雨林に囲まれながら
ゴムボートで川を下る。経験豊富なリ
バーガイドが付いているので、初心
者でも気軽に参加できる。上級者に
はタリー川1日コースもオススメ。

急流を乗り越えたあとは
ポーズを決めて

川の流れが
ゆるやかな
地点で遊泳
タイム

┌ TOUR DATA ┐

半日バロン川ラフティング

- ▶催行日：毎日　▶時間：8時〜、14時〜
- ▶料金：A$139（国立公園税A$30が別途必要）※参加は12歳以上
- ▶最少催行人数：10名
- ▶主催・申込先：RAGING THUNDER
- ☎07-4031-3460

[ACTIVITY DATA]
- 【スリル】……… ★★★
- 【自然体感】…… ★★★
- 【チャレンジ】… ★★★

step1
レクチャーを受ける

ライフジャケットとヘルメットを
着用して準備を整えながら、ボ
ートに乗り込むチームに分かれ
て事前講習を受ける。

スタッフのアドバイス

水着を着用してきてね。
ビーチサンダルは流され
てしまうので、かかとを
固定できるシューズで！

行って
きま〜す！

オールも
忘れずに！

step2
川に入る

川辺まで運んだボートに乗り込
み、いよいよ入水。水の上でオ
ールの漕ぎ方を練習したら、レ
ッツゴー！

キャ〜！

step4
無事に帰還

約1時間30分のラフティン
グを終えてゴール地点に到
着。ボートを運んだら、湖
畔のロッジでティータイム。

step3
激流を下る

川を下っていくと岩の
合間に急流が！ リバ
ーガイドの指示に従っ
て、みんなで力を
合わせて突破しよう。

川下り後、皆で
協力して岸まで
ボートを運ぶ

せ〜の！

熱気球
Hot Air Ballooning | ツアー時間 約6時間30分

雄大な景色を眺めながら空中散歩

早朝の澄んだ空気の中、熱気球に乗り込み上空へ。水平線から昇る朝日や林を駆け抜けるカンガルーの姿など、空の上から絶景が楽しめる。思い出に残るひとときを過ごそう。

> カンガルーを見つけよう！

> **スタッフのアドバイス**
> フライト後には、軽食とともにスパークリングワインやジュースで乾杯！

空から見渡す景色はまるで別世界

日が昇らないうちに熱気球を準備

TOUR DATA
熱気球フライト
- ▶催行日：毎日　▶時間：4時〜10時30分（開始時刻は日の出の時間により異なる）
- ▶料金：月〜金曜A$440（土・日曜、祝日はA$495）
- ※送迎・保険などを含む
- ▶最少催行人数：8名
- ▶主催・申込先：Hot Air Balloon ☎07-4039-9900

ACTIVITY DATA
【スリル】………★★　【自然体感】…★★★
【チャレンジ】…★

乗馬
Horse Riding | 体験時間 約1時間30分

馬上からケアンズの自然を満喫

インストラクターと一緒に、馬の背に揺られ、川を渡り、草原を散策。野生動物や鳥に出合えることも。初心者でも安心して参加できる。

大自然を満喫でき、珍しい動物にあえることも

TOUR DATA
乗馬ツアー
- ▶催行日：毎日
- ▶時間：9時〜、13時〜、15時〜
- ▶料金：A$140〜（4〜12歳はA$110〜）
- ▶最少催行人数：大人1名
- ▶主催・申込先：Mount-N-Ride Adventures
  ☎07-4056-5406

ACTIVITY DATA
【スリル】………★　【自然体感】…★★★
【チャレンジ】…★★

> **スタッフのアドバイス**
> 汚れてもいい服とスニーカーで来てくださいね！　日焼け止めや帽子も忘れずに

> 熱帯雨林をおさんぽ

日本語でのレッスン後、レベルに合わせた馬を選んでくれる

バンジージャンプ
Bungy Jumping | 体験時間 約1時間

スリル満点！絶景ダイブ

バンジー専門会社が運営。足首に特製のゴムを巻き付け、50mの高さから森に向かって大ジャンプ！スリルと爽快感、達成感が味わえるとあって、人気のアクティビティだ。

> いざジャンプ！

> **スタッフのアドバイス**
> 恐怖を克服することで、ストレスも解消できるはず

覚悟を決めて森の中にダイビング

想像以上のスリルが刺激的

TOUR DATA
バンジージャンプ
- ▶催行日：毎日　▶時間：10〜17時
- ▶料金：A$149（10〜14歳はA$99）※参加は10歳以上。タンデムも可。1人でジャンプする場合は体重45kg以上。宿泊先までの送迎あり、要問合せ
- ▶最少催行人数：1名
- ▶主催・申込先：Skypark Cairns by AJ Hackett
  ☎07-4057-7188

ACTIVITY DATA
【スリル】………★★★　【自然体感】…★★
【チャレンジ】…★★★

中庭のプールは自由に
利用できる（7〜21時）

旅のスタイルで選ぼう！
憧れのリゾートステイ

キッチン付のコンドミニアムから大型リゾートホテルまで、
ケアンズの宿泊施設はさまざま。目的に合わせた宿を選んでバカンスを楽しもう。

ハーバー周辺 MAP P117-C4

ジャック＆ニューウェル・ケアンズ ホリデイ・アパートメント
Jack & Newell Cairns Holiday Apartments

ワーフ通り沿いのコンドミニアム型宿泊施設。全室にベッドルームのほか、リビングやキッチン、ランドリーを完備。長期滞在や家族連れにおすすめ。

DATA ⊗ケアンズシティBSから徒歩8分
⊕27-29 Wharf St. ☎(07) 4031-4990
®2ベッドルームA\$381〜、3ベッドルーム
A\$481〜　16室

モダンで快適な
アパートメントホテル

ここに注目！
全室からトリニティ湾を一望。プライベートバルコニーでのんびりすればケアンズで暮らしている気分が味わえる。

最新の設備が備
わったリビング

電子レンジから
食器までフル装
備のキッチン

ベッドルームから
の眺めもすばらしい

エグゼクティブ
マリーナビュー

マリーナを見渡
せるホライゾン
クラブマリーナ
ビュースイート

海沿いに立つリゾート
ムードあふれる建物

マリーナ一望の
豪華リゾートホテル

ここに注目！
ショップやレストランが集まる
ザ・ピア・ケアンズ（→P46）に
隣接していて便利。

ハーバー周辺 MAP P117-D3

シャングリ・ラ・ザ・マリーナ・ケアンズ
Shangri-La The Marina, Cairns

離島やグレートバリアリーフへのクルーズが発着するマリーナの目の前に立地し、グルメやショッピングも楽しめる。客室は2018年に改装し、明るくモダンな空間。

DATA ⊗ケアンズシティBSから
徒歩10分 ⊕Pierpoint Rd.
☎(07) 4052-7500
®SⓉA\$305〜　255室

🛎日本語スタッフ　🍴レストラン　♨プール　🏋フィットネスジム　💆エステ

※宿泊料金は時期により変動します。
詳細はHP等でご確認ください。

立地条件がよいシティリゾート

大型テレビを配したモダンな客室

ハーバー周辺　MAP P117-C4

ヒルトン
Hilton Cairns

緑豊かな庭園に囲まれたウォーターフロントのオアシス。プライベートバルコニー付きのゆったりとした客室で、快適なステイを満喫できる。

DATA ⊗ケアンズシティBSから徒歩8分
⊕34 The Esplanade
☎(07) 4050-2000　㈱ⓈⓉⒶA\$299〜
263室

ジェットバス付のスパルーム

ここに注目！
レストランやバーが充実しており、ローカルにも人気だ。

スタンダードな客室でも40㎡の広さ

コロニアル風の白亜の高層ホテル

大人用、子ども用プールのほかジャグジーも完備

ハーバー周辺　MAP P117-C3

プルマン・ケアンズ・インターナショナル
The Pullman Cairns International

ケアンズ随一の高さを誇る16階建てのホテル。高層階の海側の客室からはグリーン島が見渡せる。観光にも便利なロケーション。

DATA ⊗ケアンズシティBSから
徒歩6分　⊕17 Abbott St.　☎
(07) 4031-1300　㈱時期により
変動あり、詳細はHP等で確認を
321室

ここに注目！
白を基調としたコロニアル風のロビー。吹き抜けの天井や大理石の床、シャンデリアが豪華。

エスプラネード　MAP P115-B3

クリスタルブルック・ライリー
Crystalbrook Riley

洗練された客室やバスルーム、館内のインテリアにも遊び心が満載。ラグーンプールではリゾート気分を満喫できる。市内随一の高さを誇るルーフトップバーは地元でも評判だ。

DATA ⊗ケアンズシティBSから徒歩8分　⊕131-141 The Esplanade
☎1300-002-050　㈱ⓈⓉⒶA\$299〜(※支払いは現金不可)　311室

ここに注目！
広さ1000㎡超のラグーンプール。プールサイドで午後のひとときを過ごして。水着を忘れずに。

全室バルコニー付きシービュールーム

エスプラネードに面したモダンな5つ星ホテル

ルーフトップバー「Rocco」でカクテルを

快適な設備が整うラグジュアリーホテル

エリアガイド　憧れのリゾートステイ

観光鉄道とスカイレールで
訪れる森の世界遺産

太古の原生林 キュランダで
車窓から絶景を楽しもう

「キュランダ」とは先住民族アボリジニの言葉で
「熱帯雨林にある町」の意味。
太古の原生林に包まれた町キュランダへは
ケアンズから木造のレトロな観光列車か、
ケーブルウェイの「スカイレール」を使ってアクセスしよう。
目的地のキュランダでは、工芸品を扱う
マーケットをのぞきながら、そぞろ歩きを楽しもう。

コース比較リスト

グルメ度	☆☆☆ ローカル産のフルーツやコーヒーを味わおう
ショップ度	☆☆☆ 地元アーティストによる1点ものを探そう
カルチャー度	☆☆☆ アボリジニダンスやテーマパークで満喫
アクティブ度	☆☆☆ キュランダならではの乗り物がいっぱい
ネイチャー度	☆☆☆ 世界遺産に指定された太古の原生林へ
おすすめ時間帯	9～16時
所要時間	1日ツアーなら8時間30分
予算目安	交通費以外にテーマパーク代、食費などが必要(P28～29参照)

キュランダ観光の楽しみ方

キュランダ観光鉄道、スカイレールの2つのルートからの景観はまったく異なる。せっかくキュランダまで足を運ぶなら、両方の乗り物に乗って、車窓を比較してみよう。観光鉄道とスカイレール双方を使うツアーもあるので、ツアーで参加する人はツアー内容を確認してから申し込もう。　スカイレールは、レッド・ピーク駅とバロン滝駅で途中下車ができる。両駅で下車する場合には、ケアンズ～キュランダ間は、1時間30分はみておきたい。

キュランダへのアクセス方法はコチラ

スカイレール　[MAP]P114-B2

ケアンズ郊外にあるスミスフィールド駅とキュランダ駅を35分で結ぶ6人乗りのゴンドラ。114機のゴンドラで1時間に700人を運ぶことが可能。7.5kmの道のりを36本の鉄塔で支えている。途中レッド・ピーク駅とバロン滝駅の2カ所に停まる。　㋈スカイレールが発着するスミスフィールド駅までは、ケアンズから車で15分(主要ホテルからシャトルバスA\$12が運行)　☎(07)4038-5555　㋩8時45分～17時15分(キュランダ駅最終発15時45分)※ゴンドラは15分おきに予約受付　㋩片道A\$62、往復A\$93　[URL]www.skyrail.com.au/jp

キュランダ観光鉄道　[MAP]P116-A1　大判▶表-A1

ケアンズ駅とキュランダ駅を1時間55分で結ぶ鉄道。約34kmの道中で15のトンネルと37を超える橋を渡る。途中バロン滝駅で停車する。一般席とゴールド席があり、特等車両のゴールド席ではローカル産ワインやビールのサービスを受けられる。　☎1800577245　㋩ケアンズ駅発は8時30分、9時30分。キュランダ駅発は14時と15時30分の1日2便。フレッシュウォーター駅でも乗車できる。　㋩一般席:片道A\$50、往復A\$76。ゴールド席(ケアンズ駅発9時30分発、キュランダ駅発15時30分発のみ):片道A\$99、往復A\$174　[URL]www.ksr.com.au/KSRJapan/Pages/Default.aspx

※キュランダ観光鉄道、スカイレールともに運休日あり

バロン滝駅
Barron Falls Stn.

鉄道駅にはホームに沿って展望台があり、バロン滝や渓谷が望める。スカイレールの駅は3カ所に展望台があり、高い位置から景色を一望できる。この駅にある熱帯雨林館にも立ち寄ろう。

キュランダ駅
Kuranda Terminal

観光鉄道とスカイレールの駅は山の中腹にあり、上下で隣り合わせになっている。熱帯植物が茂るレトロな外観の観光鉄道の駅は、1915年建築当時の面影を今も残している。スカイレールの駅は、記念グッズを売るショップや到着シーンを自動で記念写真に収めるカメラなど、近代的な施設を備えており、新旧の駅舎を見比べるのもおもしろい。

スカイレールと観光鉄道の車窓を徹底比較!

レッド・ピーク駅
Red Peak Stn.

スカイレールで最も高い海抜545mにある駅。「レインフォレスト・ディスカバリー・ゾーン」には、説明パネルが設置された遊歩道が整備されている。レンジャーによる無料のガイドツアー(日本語あり)に参加すれば、さらに詳しい説明が聞ける。(所要約15分)

MAP P114-B2

スミスフィールド駅
Smithfield Terminal

広い駐車スペース、カフェ、ショップが併設されたスカイレールの発着点。スミスフィールド駅からレッド・ピーク駅までの道中、天気がよければグリーン島が見える。

スカイレールでスリリングな体験を!

通常のゴンドラのほか、下記のタイプがある。数や運行時間が限られているので、予約を。

●ダイヤモンドビュー・ゴンドラ
底がガラス張りで、足元にも熱帯雨林の景色が広がる。1台につき5人まで。7～10分ごとの運行。追加料金は片道1人A$28。

マップ

←ポートダグラスへ

キュランダ
KURANDA

トリニティ湾
Trinity Bay

キュランダ駅
Kuranda Terminal

ザ・エッジ・ルックアウトという展望台がオープン

見渡すかぎり熱帯雨林ジャングル

バロン滝駅
Barron Falls Stn.

このあたりでグリーン島が見える

バロン滝駅
Barron Falls Stn.

スミスフィールド駅
Smithfield Terminal

レッド・ピーク駅
Red Peak Stn.

スカイレール

ここで5分間停車

ここで10分間停車

バロン リバー BARRON RIVER

フレッシュウォーター駅
Freshwater Stn.

ストーニー・クリーク滝

渓谷を流れる滝を眺めながらゆっくり走り抜ける

ストーニー・クリーク滝駅
Stoney Creek Falls Stn.

ここから少しずつ山に登っていく

キュランダ観光鉄道

ケアンズ
CAIRNS

車窓から同じ列車の車体を撮影できる

ケアンズ駅
Cairns Station

ストーニー・クリーク滝駅
Stoney Creek Falls Stn.

数カ所のトンネルを抜けると、岩盤沿いに急カーブの線路へと差しかかる。列車からは水の音とともに、岩盤を流れ落ちる高さ46mのストーニー・クリーク滝が見える。写真撮影のため列車の速度を落としてくれる。

フレッシュウォーター駅
Freshwater Stn.

レッドリンチ・コテージでは、キュランダ観光鉄道の歴史を垣間見ることができる。
☎(07)4231-9103
⏰7～15時(土・日曜は～13時)

ケアンズ駅
Cairns Station

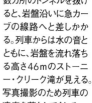

ショッピングセンターのケアンズ・セントラルと隣接。キュランダ観光鉄道が毎日2便のほか、ブリスベン行きが週に5便発着する。観光鉄道のチケットは構内で販売、要予約。席に余裕があれば、当日券を購入できる。

車窓からの絶景を堪能したら
キュランダ村散策へ

スカイレールで
キュランダへ

1 観光案内所で情報収集

↓ 徒歩1分

2 クーンドゥ通り

↓ 徒歩5分

3 バタフライ・サンクチュアリー

↓ 徒歩1分

4 ヘリテイジ・マーケット

↓ 徒歩2分

5 オリジナル・マーケット

ゴンドラや鉄道に揺られて自然を楽しんだ後は森の中のマーケットに出かけよう。端から端まで歩いても20分ほどの小さな村だが、個性的なショップがずらりと並ぶ。まずはメインのクーンドゥ通りにGO！

Butterfly Sanctuary

フロッグスはハンバーグやピザなど手ごろな値段のメニューが揃い、ランチにおすすめ。
☎ (07)4093-8952 営10～15時 休月・火曜

FROGS RESTAURANT

1 ガイド付きツアーも開催 **2** 森に囲まれている **3** 色鮮やかな蝶が見られる

3

1 観光案内所
Information Centre

公園にあり、案内所ではボランティアのスタッフが温かく迎えてくれる。待合せ場所としても使えるので、最初に位置を確認しておこう。
交キュランダ駅から徒歩10分
住TherwineSt.
☎ (07) 4093-9311 営10～16時(月・火曜は～15時) 休なし

2 クーンドゥ通り
Coondoo Street

キュランダ村のメインストリートの一つで、観光案内所をはじめ、カフェやギャラリー、ギフトショップなどが道沿いに集まっている。

1 観光案内所
3 バタフライ・サンクチュアリー
├ キュランダ・コアラ・ガーデンズ、バードワールド、フロッグス
4 キュランダ・ヘリテイジ・マーケット
5 キュランダ・オリジナル・レインフォレスト・マーケット
キュランダ・レインフォレスト・コーヒー
レインフォレステーション・ネイチャー・パーク
Thoree St.
駐車場
i ピコP47 郵便局 ATM
2 クーンドゥ通り
キュランダ・リバーボート乗り場
ジャングル・ウォーク
キュランダ・ホテル
キュランダ観光鉄道駅
スカイレール駅
ケネディ・ハイウェイ
徒歩40分
N

キュランダで見かける
熱帯植物

熱帯雨林のジャングルはもちろん、キュランダのメインストリートにも、数々の熱帯雨林が茂る。

絞め殺しのイチジク
Strangler Fig Tree

生き物の糞に交ざった種が他の木の上で発芽し、木を絞めつけて枯らす着生植物。

リップ・パーム
Lip Palm

唇を思わせる赤色の根本が特徴のヤシの一種。高さは2～3mになる。

ボトム・パーム
Bottom Palm

上部と比べて下部(ボトム)が極端に太くなっているのが特徴。低木タイプのヤシ。

ボトルブラシ
Bottlebrush

常緑性低木のフトモモ科植物。ボトルを洗うブラシに似た花が名前の由来。

3 バタフライ・サンクチュアリー
Australian Butterfly Sanctuary

熱帯植物が生い茂る園内を約1500羽の蝶が舞う、オーストラリア最大の蝶園。珍種の標本などもあり、蝶の知識が深まる。

⊗キュランダ駅から徒歩10分 ⊕Rob Veivers Dr. ☎(07) 4093-7575 ⊕9時45分〜16時 ⊛なし ⊛A\$24(4〜14歳はA\$15)

まってるよ！

4 キュランダ・ヘリテイジ・マーケット
Kuranda Heritage Market

地元アーティストによる工芸品や自家製ハチミツなどを扱うマーケット。マーケット内には、オーストラリアの鳥を中心に、世界中の鳥類を集めた**バードワールド**(A\$21)や、人気者のコアラがいる**キュランダ・コアラ・ガーデンズ**(A\$21)の入口がある。コアラ・ガーデンズは、クロコダイルなど爬虫類や、カンガルーやワラビーもいるミニ動物園になっている。

⊗キュランダ駅から徒歩10分 ⊕Rob Veivers Dr. ☎(07) 4093-8060 バードワールドは(07) 4093-9188、コアラ・ガーデンズは(07) 4093-9953 ⊕9時30分〜15時30分(バードワールドとコアラ・ガーデンズは10〜16時) ⊛なし

ひと足のばして

レインフォレステーション・ネイチャー・パーク
Rainforestation Nature Park
MAP P114-B2

キュランダから車で5分ほどのところにあるテーマパーク。アボリジニ・ダンスショーの観賞や、コアラの抱っこができる。6輪駆動の水陸両用車アーミーダックで熱帯雨林を駆け抜けるツアー(所要45分)は、ここでしか体験できないのでぜひ参加しよう。

⊗キュランダ駅から車で5分。バタフライ・サンクチュアリー前からシャトルバスが運行。始発10時45分、往復1日5便ずつ。往復A\$13 ⊕Kennedy Hwy. ☎(07) 4085-5008 ⊕9〜16時 ⊛なし ⊛入場料と3つのアトラクションがセットになったビッグネイチャー・パッケージA\$63(4〜14歳はA\$38) URL www.rainforest.com.au

プロペラと舵が付いていて水上でもスイスイ

第二次世界大戦で使用されていた水陸両用車

RAINFORESTATION

ヘリテイジ・マーケットで宝探し

コアラ・ガーデンズでコアラと撮影も

ダックキャプテンと一緒に探検に出発

5 キュランダ・オリジナル・レインフォレスト・マーケット
Kuranda Original Rainforest Market

キュランダ近郊で採掘された鉱物を使ったアクセサリーやハンドメイドの衣類など、店頭で作品を作りながら販売。

⊗キュランダ駅から徒歩10分 ⊕Cnr. Therwine & Thoree Sts. ☎(07) 4093-9440 ⊕9時30分〜15時 ⊛なし

地元の工芸品やアーティストの作品が多い

ヽ ココでひと休みしよう♪ ／

キュランダ・レインフォレスト・コーヒー
Kuranda Rainforest Coffee

老舗焙煎店の濃厚コーヒーを

地元産のコーヒー豆を使った深煎りのコーヒーは甘みのある深い味わい。おすすめは、ローカルハチミツが入ったハニームーンラテA\$6と水出しコーヒー。

⊗キュランダ駅から徒歩5分 ⊕17 Thongon St. ☎0414-790-034 ⊕8〜15時 ⊛なし

ツリー・ファーン
Tree Fern

南半球を代表するシダ植物。雨の多い地域に生息し、茎が10〜15mになるものも。

エルク・ホーン
Elk Horn

熱帯雨林に着生するシダ植物。エルクの角に葉の形が似ていることから命名。

ウエイト・ア・ホワイル
Wait a While

東南アジア発祥といいツル性のヤシ。トゲをもち、周囲の木に巻きつき伸びる。

COURSE 2
ケアンズから50分で行ける海の世界遺産

サンゴの島 グリーン島で熱帯魚と泳ごう

グレートバリアリーフ（G.B.R.）に浮かぶ
「コーラル・ケイ＝サンゴ礁の島」のひとつがグリーン島。
島の北側は白砂のビーチとなっており、
ここを拠点にスノーケリングやビーチアクティビティが楽しめる。
ダイビングや水上飛行機などのオプショナルツアーも充実しているので、
到着したら遊ぶメニューを決め、ケアンズに戻る
ギリギリまでアクティビティを楽しもう。

コース比較リスト

グルメ度	★☆☆	エメラルド・レストランで豪華に
ショップ度	★☆☆	オリジナルグッズをゲットしよう
カルチャー度	★★☆	島内散策で島の歴史と自然を学ぼう
アクティブ度	★★★	各種マリン・アクティビティが満載
ネイチャー度	★★☆	白砂のビーチと島内の熱帯雨林で自然満喫
おすすめ時間帯		日帰りなら8時30分～17時20分
所要時間		半日ツアーなら4時間、1日ツアーなら9時間
予算目安		ツアー代以外にアクティビティ料金が必要（P32～33参照）

グリーン・アイランド・リゾート
Green Island Resort　　MAP P114-B2

⊕Green Island ☎(07)4031-3300 ㊙各種パッケージツアーあり。ツアーのスケジュールは下記の表を参照。アクティビティ料金は別途必要 ㊡春節時期 URLwww.greenislandresort.com.au

グリーン島へのアクセス

ケアンズからグリーン島まではグレート・アドベンチャーズの高速カタマランを利用。所要約50分。ケアンズ発は8時30分、10時30分の1日2便。グリーン島発は14時30分、16時30分。各クルーズ会社が主催する往復乗船券の付いたパッケージツアーに参加する方法もある。ケアンズからグリーン島へ行く代表的なパッケージツアーはP31の表を参照。クルーズ船はすべて、ケアンズのリーフ・フリート・ターミナル（MAP P117-D3）から出発。申込みはツアーデスクやリーフ・フリート・ターミナルにあるクルーズ会社などのカウンターで。

グリーン島1日ツアースケジュール例

08:30	リーフ・フリート・ターミナル出航
09:20	グリーン島到着、到着後は自由時間となりアクティビティを楽しむ
11:30	ランチ。ランチ後は自由時間となりアクティビティを楽しむ
16:30	グリーン島出航
17:20	リーフ・フリート・ターミナル到着

のんびり楽しめる

長い桟橋も見逃せないポイント

船着き場
Boat Jetty　　MAP Ⓐ

ケアンズとを結ぶフェリーはすべてここから発着。グリーン島へのクルーズを催行する会社は数社あるので、乗り間違えないように。乗船券は帰るまでなくさずに保管を。出航時は込み合うので、出航10分前には船着き場でスタンバイしたい。桟橋からはエイやブダイなどが悠々と泳ぐ姿が見られることもある。

リゾート・プール
Resort Pool　　MAP Ⓑ

島内リゾートエリアの中心に位置し、グレート・アドベンチャーズのツアー参加者にのみ開放されているスイミングプール。海で疲れてのんびり泳ぎたいときや、子供連れのファミリーにおすすめ。ダイビングの練習プールとしても使われている。
㊟リゾート入口から徒歩1分

ガラス越しにサンゴ礁をのぞいてみよう

グリーン島 ウォーキングガイド

船は施設が集結する島の西側に到着。島の東側は静かな熱帯雨林地帯だ。島内には散策用のボードウォークが設置されており、案内板に沿って1周できる。ダイブショップで日本語の「島内自由散策ガイド」を入手し、島内を散策しよう。南北260m、東西660mの小さな島なので、徒歩40分ほどでまわれる。

グラス・ボトム・ボート
Glass Bottom Boat 【MAP C】

船底がガラス張りのボートで、海中のサンゴや魚たちを観賞できる。海が穏やかな日は、カメやクマノミに会えるかも。ケアンズからグリーン島へ移動する船で、ボートの出航時間を確認しよう。船酔いしやすい人は、途中で遠くを見るように。

⏰10時30分〜13時45分
💰A$26(4〜14歳A$14) ⛴〜30分

マリンランド・クロコダイルパーク
Marineland Crocodile Park 【MAP D】

熱帯ムードたっぷりの海洋博物館。ワニの餌付けショーやウミガメとのふれ合いもある。餌付けショーの後には、子ワニと写真撮影ができる。
⏰リゾート入口から徒歩5分 ⏰9時30分〜16時 💰A$28、4〜14歳A$14
⛴〜30分

異国情緒漂う雰囲気を味わおう

グリーン・アイランド・リゾート
Green Island Resort 【MAP E】

グリーン島の自然を生かして造られたリゾートは、全室ヴィラタイプのスイート。アイランド・スイートは56㎡、リーフ・スイートは66㎡と広々とした造り。最終の高速艇が出航した後は、宿泊者のみが島を占有できる贅沢な時間。満天の星を眺めたり、ビーチで日の出を楽しんだりと、日帰りクルーズでは味わえない魅力がいっぱいだ。

☎(07)4031-3300 💰アイランド・スイートA$835〜、リーフ・スイートA$935〜 46室

島のリゾートでスペシャルな夜を過ごそう

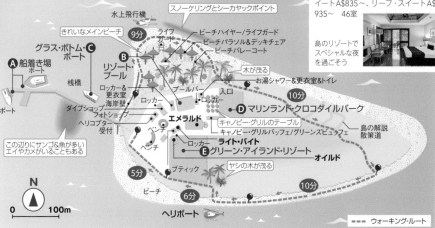

ケアンズからグリーン島へのパッケージツアー

ツアー名	ケアンズ出航時間	グリーン島出航時間	料金	料金に含まれるもの
グリーン島エコ・アドベンチャー	08:30 10:30	14:30 16:30	A$110 (4〜14歳 A$58)	グラス・ボトム・ボートもしくはスノーケリング・セット
グリーン島ディスカバリー	08:30 10:30	14:30 16:30	A$140 (4〜14歳 A$76)	グラス・ボトム・ボート、スノーケリング・セット、ビーチバッグ
グリーン島&GBRアドベンチャー	08:30	所要時間 9時間	A$304 (4〜14歳 A$164)	2時間のグリーン島滞在、3時間のポントゥーン滞在、スノーケリング・セット、半潜水艦ツアー、ポントゥーン内の水中観測室、ビュッフェ・ランチ、ライクラスーツ

申込先 グレート・アドベンチャーズ ☎(07)4044-9944

※すべてのツアーにボート送迎、モーニングティー(ケアンズ出航まで)、リゾート・プール使用、島内自由散策ガイドマップが含まれている。昼食は別途申込みが必要(グリーン島&GBRアドベンチャーを除く)
※リーフ・フリート・ターミナルへの送迎バスは、ケアンズ市内の往復がA$32(4〜14歳A$20)、ノーザンビーチ往復がA$39(4〜14歳A$22)

熱帯魚と泳ぐ！
人気アクティビティに挑戦！

真っ青なG.B.R.を前に、熱帯魚とのご対面なしには帰れない！
スノーケリング、ダイビング、シー・ウォーカー、
水中を舞う熱帯魚や怖がりのカメ、七色のサンゴ……。
ちょっと道具を使うだけで、海の世界がぐんと身近になる。
体調や天候をクルーズ会社のスタッフと相談しながら、
自分に適したアクティビティにトライしよう。

※難易度は★が多いほど難しいものになります

スノーケリング
Snorkeling

難易度	★☆☆
所要時間	好きなだけ
料金	スノーケリングセットA\$26（4～14歳A\$14）。ライクラスーツA\$11

いつでも何度でも楽しめる手軽さで人気No.1のアクティビティ。泳ぎに自信のある人は北側のビーチからサンゴ群を目指そう。泳ぎに自信のない人は、桟橋の南側かビーチ付近で魚を探してみよう。

 泳ぎが不得意な人は、ライフジャケットを借りよう（A\$14、4～14歳A\$6）。

体験ダイビング
Introductory Diving

難易度	★★★
所要時間	120分
料金	A\$184

プールで事前講習をした後、ボートに乗ってダイビングポイントに向かう。潜水時間は約30分だが存分に楽しめる。ボートは1日2～3回出航。病歴、健康状態によっては参加できないので注意。

 経験豊富なインストラクターが誘導しながら、色々な海洋生物を見せてくれる。水中では無理せず、体調が悪くなったらすぐに合図を送ろう。

シー・ウォーカー
Sea Walker

海上から新鮮な空気が送られるヘルメットをかぶり、水深4～5mの海底を散歩する。餌付けされた魚たちに囲まれながら、美しい水中の世界を楽しもう。

 顔が濡れないので、メガネやコンタクトレンズを装着したままでOK。息継ぎも楽なので、気軽に参加できる。

難易度	★☆☆
所要時間	60分
料金	A\$194（12歳以上で身長140cm以上）

G.B.R.の海で あいたい 魚ベスト10

ダイバー＆スノーケラーの憧れの地、G.B.R.には美しいサンゴ礁から色とりどりの熱帯魚まで、海洋生物の種類も多種多様。魚の名前を覚えて、フィッシュウォッチングを楽しもう。

3位 マンタ・レイ
Manta Ray
世界最大のエイ、オニイトマキエイのこと。G.B.R.では一年中見られる。

6位 ミンククジラ
Southern Minke Whale
6～10月に繁殖のために南極から北オーストラリアを回遊する。

1位 カクレクマノミ
Anemonefish
映画『ファインディング・ニモ』で脚光を浴びたクマノミの仲間。イソギンチャクと共生する熱帯魚。

4位 ウミガメ
Turtle
G.B.R.では1m以上の大物に出あえることもある。アオウミガメが有名。

7位 ナンヨウハギ
Blue Tang
映画『ファインディング・ニモ』にも登場。鮮やかな青と黄色の尾が特徴。

2位 ナポレオン・フィッシュ
Napoleon Fish
体長2mに及ぶベラ科の魚。頭の形がナポレオンのかぶっていた帽子に似ていることが名前の由来。

5位 ジャイアント・ポテト・コッド
Giant Potato Cod
体にある黒く大きな斑点が特徴。体長1mほどで人懐っこい。

8位 ハタタテダイ
Bannerfish
派手な黄色と黒のストライプ柄。長く伸びた背びれで優雅に泳ぐ。

サンゴの島を上空から堪能したい方はコチラ

ヘリコプター・シーニック・フライト
Helicopter Scenic Flight

ヘリコプターの搭乗体験と約200m上空からG.B.R.の美しいサンゴ礁や白砂の島（ケイ）の景観を同時に楽しめるツアー。

難易度	★☆☆
所要時間	30分（飛行時間10分）
料金	A$205（3歳以上）2歳以下は無料（1機につき1名のみ）

POINT ケアンズからヘリでグリーン島に上陸することもできる（別料金）。ただし人気があるので予約は早めに。☎(07)4034-9000

ココでひと休みしよう♪

エメラルド
Emeralds Restaurant

5つ星リゾートの味をランチで

オープンテラスが心地よいリゾートのダイニング。ランチタイムは日帰り旅行者の利用も可能だ。ランチコンボA$35などが味わえる。

⏰11〜17時　休なし

豪華なランチでリゾート気分満喫！

ライト・バイト
Lite Bites

海遊びの後はカフェでクールダウン

プールの近くにあるカフェ。軽食やサンドイッチ、ドリンクなどを提供。コーヒーA$5.50〜。手軽に食事をしたいときにおすすめ。

⏰9時30分〜16時　休なし

スナックや軽食もある

9位 タツノオトシゴ
Seahorse

英語名は「海馬」に由来。多数のフシで構成、体を上下に動かしながら泳ぐ。

10位 ライオン・フィッシュ
Lionfish

ライオンのたてがみのような背びれと縦縞模様が特徴。背びれに毒がある。

Nature Column

約2000kmにわたって続く世界最大のサンゴ礁群グレートバリアリーフ。海面近くから海底数百mの深さに至るまで、さまざまな形状、色彩のサンゴ礁が、プランクトンを食料に魚たちと共生している。人間がふれると激痛を伴う種類や、傷口が膿んでしまう種類もあるので、生きたサンゴにさわるときは注意が必要だ。

パラセイリング
Parasailing

上空から珊瑚礁によってグラデーションになったエメラルドグリーンの海、グリーン島やケアンズの街を眺めることができる。

難易度	★☆☆
所要時間	30分〜1時間（飛行時間約10〜15分）
料金	A$150（6歳以上、25kg以上で参加可能）

POINT 2人用の椅子に座るタイプなので、ゆったりと景色を楽しめる。ボートに発着するため、水着でなくても参加可能。

COURSE 3　ケアンズから海岸線を北上

マリンコースト爽快ドライブ

ケアンズからポートダグラスまで車で1時間ほど。パームコーブを過ぎたあたりからタラ・ビーチの先、約35kmは、美しい海岸線に沿って走る絶好のドライビング・ルート。カーブを曲がるたびに変わる景色や、右手に見える白砂のビーチ、光り輝く海原を前に潮風ドライブを楽しもう！

START　ケアンズ市内
　車で30分　25km

1 エリス・ビーチ
　車で15分　12km

2 ハートリーズ・アドベンチャーズ
　車で4分　2km

3 レックス展望台
　車で13分　10km

4 ターラ・ビーチ・ロッジ
　車で12分／11km

5 ワイルドライフ・ハビタット
　車で11分／6km

6 トリニティベイ展望台
　車で1時間5分／66km

GOAL　ケアンズ市内

コース比較リスト

グルメ度	★★☆	ターラ・ビーチ・ロッジのランチは絶品
ショップ度	★★☆	ポートダグラスはビーチウェアの店が充実
カルチャー度	★☆☆	動物とふれ合えるスポットも
アクティブ度	★★☆	G.B.R.北側へのツアーの拠点
ネイチャー度	★★★	車窓にはG.B.R.の海が広がる
おすすめ時間帯	9〜17時	
所要時間	8時間	
予算目安	入場料、食事などで1人A\$100程度	

簡略ルート解説

ケアンズ市内を南北に走る**シェリダン通り**(Shelidan St.) を北上すると、ノース・ケアンズ通りのあたりから道路名が**グレートバリアリーフ・ドライブ**(Great Barrier Reef Dr.) に変わる。グレートバリアリーフ・ドライブを北上し、ポートダグラス手前で**ポートダグラス・ロード**(Port Douglas Rd.) へ入ると、突き当たりがポートダグラスのメインストリート、**マクロッサン通り**(Macrossan St.) になる。ポートダグラスからケアンズへは来た道をそのまま戻ればよい。道がわかりやすく直線ルートも多いので、初心者にも安心のドライブルート。

マップ

↑ デインツリー国立公園へ

Newell
Cooya Beach
モスマン
6 トリニティベイ展望台
モスマン渓谷
ポートダグラス
Four Mile Beach
5 ワイルドライフ・ハビタット
Pebbly Beach
Julatten
4 ターラ・ビーチ・ロッジ
Oak Beach　オスプレイズ
Pretty Beach
Turtle Creek Beach　**3** レックス展望台
マウント・マローイ
Wangetti Beach
ゆったりしたカーブが多い。海岸線ドライブを楽しめる
2 ハートリーズ・アドベンチャーズ
1 エリス・ビーチ
急カーブあり。運転注意
Double Island
ミッチェル湖
Clifton Beach　パームコーブ
Kewarra Beach
Trinity Beach
Yorkeys Knob
DEVELOPMENTAL ROAD
Great Barrier Reef Dr.
キュランダ
Holloways Beach
バロン滝
Machans Beach
Mission Bay
KENNEDY HIGHWAY
ケアンズ
モリス湖
フィッツロイ島

N
0　10km

1

MAP P114-A2

エリス・ビーチ
Elis Beach

朝一番でまっさらビーチに足跡を

キャンプ場やロッジなどが立つビーチだが、全体的にのんびり感が漂う。カフェでひと息つくのもいい。

DATA ⊗ケアンズから車で30分

●トイレあり　　●見学所要時間：20分

周辺にはロッジやキャンプ場がある

② ハートリーズ・アドベンチャーズ
MAP P114-A2
Hartley's Crocodile Adventures

最も凶暴なソルトウォーター・クロコダイル

ワニの餌付けは迫力モノ

●トイレあり
●見学所要時間：60分

ボートに乗りラグーンでワニの餌付けを見よう！　自然をそのままに残した広大な動物園にはコアラ、ワラビー、カソワリなどの動物もいる。

DATA ⊗ケアンズから車で40分 ⊕Captain Cook Hwy., Wangetti Beach ☎(07)4055-3576 ⊛8時30分〜17時 ⊛2024年6月16日 ⊛入場料A$45(4〜15歳A$22.50)

③ レックス展望台
MAP P114-A2
Rex Lookout

心が洗われる岸壁からの絶景

高台にあり、海岸線が一望できるポイント。カーブを曲がったところに駐車スペースがあるので、見逃さないように。

DATA ⊗ケアンズから車で45分 ⊛9〜17時が目安 ⊛なし ⊛無料

🔭眺め ⏳30分

●トイレなし
●見学所要時間：10分

ダブル・アイランドやパームコーブの岬まで見渡せる

ドライブ途中の気分転換にぴったりの絶景スポット

④ ターラ・ビーチ・ロッジ
MAP P114-A2
Thala Beach Lodge

●トイレあり
●休憩時間：60分

景色も料理もトップレベル

岬の突端に立つリゾート。レストランの**オスプレイズ**ではユーカリの木々に囲まれたなか食事が楽しめる。定番ランチは季節毎に内容が変わる。メインはA$20〜。

DATA ⊗ケアンズから車で50分 ⊕Private Road Oak Beach ☎(07)4098-5700 ⊛ランチ12〜14時 ⊛なし

潮風を感じながらゆっくりと食事を

コアラ抱っこやガイドツアーもある

⑤ ワイルドライフ・ハビタット
MAP P119-A4
Wildlife Habitat

熱帯雨林で動物たちと戯れよう

約3万2000㎡の敷地に熱帯雨林の生態を再現した動物園。朝食や昼食を鳥たちと一緒に楽しむプログラムが人気。

DATA ⊗ポートダグラスのマクロッサン通りから車で5分 ⊕Port Douglas Rd., Port Douglas ☎(07)4099-3235 ⊛8〜16時 ⊛なし ⊛入場料A$43(4〜14歳A$26)

●トイレあり
●見学所要時間：60分

⑥ トリニティベイ展望台
MAP P119-A1
Trinity Bay Lookout

フォー・マイル・ビーチを一望

ポートダグラスで最も高い位置にある展望台。フォー・マイル・ビーチ(→P65)を見渡せる場所として有名。ポートダグラスから世界の主要都市への距離が刻まれたプレートがある。

ドライブのしめくくりにふさわしい絶景ポイント。空気がおいしい！

🔭眺め

DATA ⊗ポートダグラスのマクロッサン通りから車で2分 ⊛9〜17時が目安 ⊛なし ⊛無料

●トイレなし
●見学所要時間：10分

さらに足をのばして

ポートダグラスからグレートバリアリーフ・ドライブに戻りさらに北上すると、10kmほどで**モスマン**(→P68)に着く。モスマンから内陸に入ると熱帯雨林の生い茂るモスマン渓谷へ、さらに北上しワニのいるデインツリー川をボートで渡るとデインツリー国立公園だ。

デインツリー川には橋がないためボートで川を渡る

COURSE 4 ケアンズから内陸の高原へ

アサートン高原壮観ドライブ

ケアンズから西へ向かうギリス・ハイウェイを進むと、熱帯雨林の先には酪農大国オーストラリアを体感できる高原が広がる。自然との語らいができる高原のドライブコースだ。

START ケアンズ市内
↓ 1時間15分 140km
1 ミラミラの滝
↓ 10分、10km
2 ミラミラ展望台
↓ 30分、43km
3 ガロ
↓ 5分 5km
4 カーテン・フィグ・ツリー
↓ 3分 3km
5 モード・キオ・パーク・ヤンガバラ
↓ 11分 12km
6 バリーン湖
↓ 1時間5分 58km
GOAL ケアンズ市内

コース比較リスト

グルメ度	☆☆☆	牧場で食べる手作りチーズは新鮮
ショップ度	☆☆☆	ケアンズ特産の農作物をみやげに
カルチャー度	☆☆☆	ヤンガバラの町でタイム・トリップ
アクティブ度	☆☆☆	湖周辺を散策し滝つぼで泳ごう
ネイチャー度	☆☆☆	高原、湖など自然がいっぱい

おすすめ時間帯　9〜17時
所要時間　8時間
予算目安　入場料、食事などで1人A$70〜80程度

・・・・・・・・・・ 簡略ルート解説 ・・・・・・・・・・

上級者向けのコース。ケアンズ市内からマルグレーブ通りを進むと途中でブルース・ハイウェイ(Bruce Hwy) と名前が変わる。イニスフィル方面へ60分程度進むと右手にパーマストン・ハイウェイ(Palmerston Hwy) の入口。ここから約45分でミラミラに到着。ミラミラからマランダにかけて広大な牧場風景を楽しみながら25号線でアサートン方面へ向かうと眺めのよいレストラン「ガロ」。カーテン・フィグ・ツリー、ヤンガバラの町を散策したのち、ギリース・ハイウェイ(Girries Hwy) でバリーン湖へ。ゴードンベイルまでは、120以上のカーブがあるので運転は慎重に。

N
0 10km

キュランダ
ケアンズ
フィッツロイ島
モリス湖
マリーバ
GILLIES HIGHWAY
この区間、急カーブが多い。運転注意
ゴードンベイル
カセドラル・フィグ・ツリー
モード・キオ・パーク・ヤンガバラ **5**
ティナル湖
フランクランド諸島
トルガ
キライ
アサートン
カモノハシがいるポイント
ガロ **3**
ザ・ボウルダーズ
4 カーテン・フィグ・ツリー
6 バリーン湖
バビンダ
マランダ
ウール・ヌーラン国立公園
クレーター跡
アサートン高原
ミラミラの滝 **1**
ミラミラ
ジョセフィン滝
ミラミラ展望台 **2**
この間の牧場風景がキレイ
PALMERSTON HIGHWAY
イニスフェイル
バロネラ・パーク
メナ・クリーク

1 MAP P114-A3

ミラミラの滝
Millaa Millaa Fall

しなやかに落ちる美しい滝

熱帯雨林に囲まれた美しい滝。周辺には数多くの滝があるが、なかでも最も有名なのがここ。滝つぼで泳ぐこともできる。

DATA ⊗ケアンズ中心部から車で約1時間15分　⊗9〜16時が目安　⊛なし　⊛無料

●トイレあり
●見学所要時間：20分

一年中冷たい水が流れている

さらに足をのばして

ヤンガバラから西へ向かうと約12kmでテーブルランドの中で最も大きな町、アサートンに出る。さらに果実園を抜けながら北上すると、コーヒーや、マンゴーなど、農作物で有名なマリーバへと続く。テーブルランドには、高原ライフを満喫できるB&Bやロッジが点在する。

ミラミラ展望台からは雄大な景色を楽しめる

2

MAP P114-A3

ミラミラ展望台
Millaa Millaa Lookout

スケールの大きさに感動

ヤンガバラ、マランダ、ミラミラ、ハーバトン、アサートンを結ぶ丘陵地帯がアサートン・テーブルランド。牧場や大きな野菜畑、果樹園などが広がるのどかなエリアだ。

DATA ⊗ミラミラの滝から展望台まで車で10分
●トイレなし　●見学所要時間：20分

3

MAP P114-A3

ガロ
Gallo

酪農地で新鮮な乳製品を

自家製チーズ、チョコレート、アイスクリームなどの販売と軽食レストランを併設した牧場。

キッシュ A$19

DATA ⊗ミラミラ展望台から車で30分
⊕Malanda Rd.　☎(07)4095-2388
⊕10～16時　⊛月・火曜
●トイレあり　●休憩時間：60分

試食・購入できる。～14時(日曜は～15時)はカフェメニューのみ

4

MAP P114-A3

カーテン・フィグ・ツリー
Curtain Fig Tree

複雑に絡み合う大木の謎

主木に寄生し主木を絞め殺してしまうことで知られる「絞め殺しのイチジク」。無数のイチジクの根がカーテン状に垂れた、巨大なイチジクの大木は高原ドライブのハイライトだ。

DATA ⊗ガロから車で5分　⊕9～17時が目安　⊛なし　⊕無料　必見
●トイレなし
●見学所要時間：20分

成長の過程を描いた図解付きの案内板がある

5

MAP P114-A3

モード・キオ・パーク・ヤンガバラ
Maude Kehoe Park Yungaburra

開拓時代にタイムスリップ

1910年から始まった開拓時代の面影を残す村。文化財に指定された29軒の建物がある。
<ヤンガバラ・ビジター・インフォメーション・センター>
DATA ⊗カーテン・フィグ・ツリーから車で3分
⊕Maudkehoe Place　☎(07)4089-2254
⊕9～16時(土・日曜は9～13時)　眺め 30-120分
●トイレあり
●見学所要時間：30分

町には教会(上)やイタリアンの名店ニックス(左)などがある

6

MAP P114-B3

バリーン湖
Lake Barrine

山の中でホッとする湖

透明度の高いカルデラ湖をボートに乗って一周したら、湖を望む歴史あるティーハウスでティータイム。

手作りのスコーンA$8.50～、ドリンクA$5～

湖畔では樹齢1100年のカウリ・パインを見られる

DATA ⊗モード・キオ・パーク・ヤンガバラから車で11分　⊕Gillies Hwy., Yungaburra　☎(07)4095-3474　⊕9時～14時30分(土・日曜は8時30分～15時)　⊛なし　⊕入園無料、クルーズA$18(9時30分、11時30分出港。所要約45分)
●トイレあり　●見学所要時間：60分　30-120分

立ち寄りスポット

MAP P114-A3

ピーターソン・クリーク
Peterson Creek

●トイレなし
●見学所要時間：10分

運がよければ、カモノハシと出合える

ヤンガバラの中心から車で約2分。レストラン「Yungaburra Pizzeria」のすぐ横に、池がのぞけるよう塀が立てられた場所がある。曇りの日、早朝、夕方がカモノハシと出会えるチャンス。

カモノハシは音に敏感なので静かに！

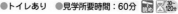

ケアンズの市内交通

ケアンズは東西それぞれ5ブロックほどの小さな街。
移動は徒歩やバス、タクシー、レンタカーなどを上手く活用しよう。

［ ケアンズのまわり方 ］

中心部は徒歩、郊外へは トランスリンクを利用しよう

ケアンズ中心部だけなら徒歩でOK。
パームコーブなどの郊外のビーチへ
はトランスリンク(路線バス)が便利
だが、週末などは本数が少ないので
注意が必要。

鮮やかなブルーの車体が目印の
トランスリンク

横断歩道の渡り方

歩行者用信号機は、基本的に押しボタ
ン式。横断歩道を渡りたいときは、横
にあるボタンを押して歩行者用の信号
が青になってから渡ろう。赤色が点滅
したら、横断を開始してはいけないと
いう合図。渡り始めているのであれば、
特に急ぐ必要はない。

横断歩道では銀色のボタンを押
して、信号が変わるのを待とう

観光スポットへは オプショナルツアーで

ケアンズ郊外の観光スポットには
オプショナルツアー(→P106)が断
然便利。旅行会社を通じて日本か
ら予約しておくこともできる。

［ 主な交通機関 ］

交通機関	料金	運行時間	注意点
トランスリンク	A$2.30〜 1日券(トランジット・デイ・パス) A$4.60〜	7時〜23時30分ごろ (路線により異なる)	週末や祝日、深夜は本数が少ない。利用者の少ない深夜の利用は控えたい
タクシー	初乗り(7〜19時) A$3.40 (上記以外の時間と休日はA$5.50)。 料金は1kmごとに約A$2.58加算。 電話予約するとA$1.70追加	24時間	近年、タクシーの台数は減少傾向にあり、タクシー乗り場が行列になることも
レンタカー	コンパクトカーは1日A$50〜	営業所は8〜17時 (店舗により異なる)	スピードなど日本よりも違反への対応は厳しい点もあるので、安全運転を
Uber	乗車時間と距離により乗車前に料金が決まる。キャッシュレス会計で、料金はタクシーより安い場合が多い	24時間	事前にアプリの登録を済ませておく。利用時には運転手の氏名を確認しよう

◯ トランスリンク

ケアンズ中部から郊外までを巡る路線バスで、唯一の公的な交通手段だ。ほとんどのバスが、ケアンズ・セントラルSCのスペンス通り側のバス停、またはレイク通りのケアンズシティBSを発着する。料金はゾーン制で、横断したゾーン数によって異なる。詳しくはP42参照。

詳しくはP42参照。

観光に便利な路線

路線番号131

● ケアンズ・ボタニック・ガーデンへ

ケアンズ・ボタニック・ガーデンまではA$2.40、1日券A$4.80。約1時間間隔で運行。ケアンズ・ボタニック・ガーデンへは路線番号110のシェリダン通りにあるバス停からも徒歩10分ほど。

路線番号110・111

● スミスフィールド・ショッピングセンター〜ビーチへ

スミスフィールド・ショッピングセンターまではA$3.60。トリニティ・ビーチやケワラ・ビーチまでは、路線番号111番のバスでA$4.20。平日の日中は30分間隔、平日の夜と週末は1時間間隔で運行。

路線番号110

● パームコーブへ

パームコーブまではA$4.80、1日券A$9.60。平日の日中は30分間隔、平日の夜と週末は1時間間隔で運行。

◯ タクシー

ケアンズのタクシーはCairns Taxiの1社のみで、白の車体。いわゆる「流し」のタクシーはないので、レイクストリートBS近く、ケアンズ・セントラルSC1階正面などにあるタクシー乗り場から乗車する。

日本のバスとの違いは、乗車時に運転手に目的地を告げて料金を支払うところ。英語が苦手な人は、目的地を書いた紙を見せるのも手。

❶ バス停を探す

ケアンズ・セントラルSC、またはケアンズシティBSから乗車するのが便利。

❷ 路線を確認する

乗車前に案内板で、行き先と路線番号、発車時刻を確認しておこう。

❸ 乗車して料金を払う

前方のドアから乗車して、料金は先払い。運転手に行き先を伝えて、金額を確認してから払おう。

❹ 降車のリクエストをする

目的地に近づいたらSTOPボタンを押す。バス停のアナウンスはないので、運転手に目的地に着いたら教えてほしいと頼んでおこう。

❺ 降車する

乗車時と同じ前方のドアから降車。その際は「Thank you.」のひと言を。

Uberの利用法

近年、ケアンズでは配車アプリ「Uber」の利用が広がりつつある。タクシーより安価で、キャッシュレス会計なので便利。Uberを利用する際は日本でアプリをダウンロードして、設定を済ませておくとよい。利用はあくまでも自己責任で。

❶ 行き先を設定する

アプリを起動させて目的地の名称や住所を入力。ドライバーが見つけやすい場所から依頼するのがポイント。

❷ マッチングした車に乗車する

料金や車の種類を選び依頼。配車が確定すると、ドライバーの写真や名前、車種、ナンバーが表示されるので、該当の車が来たら乗車する。

❸ 目的地で降車する

乗車中もアプリで自分の位置や目的地までの到着予想時間が表示される。料金はクレジットカードで自動的に決済されるので、運転手に現金を支払う必要はない。

○ レンタカー

オーストラリアは、日本と同じ左側通行、右ハンドルなので、標識や交通ルールに慣れれば運転しやすい。
国際運転免許証と日本の運転免許証の両方を用意しておこう。

主なレンタカー会社

会社名	電話／営業時間／休み	日本からの予約	料金	ポイント
エイビス・レンタカー **Avis** MAPP116-B1 大判表 -B1	●ケアンズ・シティ営業所… ☎136-333(予約センター) 働7時30分〜19時(土・日曜は8〜17時) 休なし ●ケアンズ国際空港… ☎136-333(予約センター) 働7時30分〜19時(土・日曜は8〜17時) 休なし	URL www.avis-japan.com	市内 A$88〜 空港 A$110〜	車は12か月以内の新車のみ
ハーツ・レンタカー **Hertz** MAPP117-C2 大判表 -C2	●ケアンズ・シティ営業所… ☎(07)4046-8701 働7時30分〜15時(土・日曜は8〜12時) 休なし ●ケアンズ国際空港… ☎(07)4038-9990 働6〜23時 休なし	☎0800-999-1406 (無料) URL www.hertz.com.au	市内 A$140〜 空港 A$156〜	トヨタ系の新車が多く、オートマ車が充実
スリフティ・レンタカー **Thrifty** MAPP116-B1 大判表 -B1	●ケアンズ・シティ営業所… ☎136-139 働8時〜15時(土・日曜は8時30分〜13時) 休なし ●ケアンズ国際空港… ☎136-139 働6〜23時 休なし	URL www.thrifty.com.au	市内A$71〜 空港A$90〜	高級車のラインアップも多い
バジェット・レンタカー **Budget** MAPP116-B1 大判裏 -B4	●ケアンズ・シティ営業所…☎1300-362-848(予約センター) 働7時30分〜19時(土・日曜は8〜17時) 休なし ●ケアンズ国際空港…☎1300-362-848(予約センター) 働7時30分〜19時(土・日曜は8〜17時) 休なし	URL www.budget.com.au	市内A$75〜 空港A$95〜	車種が豊富で、保険制度が分かりやすい
A1 カーレンタル **A1 Car rentals Cairns** MAPP116-B1 大判裏 -B4	●ケアンズ営業所… ☎(07)4031-1326 働8〜16時(土・日曜は〜12時) 休なし	URL www.a1carrentalcairns.com.au	A$60〜	ホテルまでのピックアップサービスあり(条件付き)
ヨーロッパカー **Europcar** MAPP117-C2 大判表 -C2	●ケアンズ・シティ営業所…☎(07)4033-4800 働8〜16時 休土・日曜 ●ケアンズ国際空港…☎(07)4034-9088 働8時〜23時30分 休なし	URL www.europcar.com.au	市内・空港 A$65〜	曜日別ディスカウントがある
ジューシー・レンタルズ **Jucy Rentals** MAPP116-A4 大判表 -A4	●ケアンズ営業所… ☎1800-150-850 働9〜16時(土・日曜は〜14時) 休なし	URL www.jucy.com.au	A$80〜	キャンピングカーも扱う

スムーズな利用方法

❶ 予約をする

日本からでもホームページや電話で予約可能。その場合は出発の1週間前までに予約をしておきたい。現地へは予約確認書を忘れずに。現地で申し込む場合は、空港か街なかのレンタカー会社のカウンターで。日本語スタッフはいないことが多いので気をつけて。

⋙

❷ 車を借りる

予約をしていた場合は、レンタカー会社のカウンターに予約確認書と国際運転免許証を提出する。保証金の支払いには、クレジットカードが必要。出発前にはスタッフと一緒に、傷や故障がないかをチェックしておく。心配な場合は、傷の写真を撮っておくと安心。

⋙

❸ 車を返却する

返却の際はガソリンを満タンにしておく。鍵と借りたときにもらった書類をまとめてカウンターに持っていき精算する。

運転の際の注意点

●制限速度

ケアンズ周辺の一般道は20～60km、高速道路は70～100km。スピード違反の取り締まりは厳しいのでスピードの出し過ぎには注意。

●シートベルト

助手席だけでなく後席もシートベルトの着用が義務づけられている。また7歳未満の子どもはチャイルドシートを使用すること。チャイルドシートはレンタカー会社でレンタルできる。

●ラウンドアバウト

ケアンズには、信号のない円形交差点「ラウンドアバウト」が多い。時計回りの一方通行で、交差点内を走行する車両が優先となる。

●左折OK

左折専用車線がある交差点の場合、信号が赤の場合でも一時停止後に左折してかまわない。

主な道路標識

| STOP 一時停止 | GIVE WAY 他車優先 | この先カーブあり | NO ENTRY 進入禁止 | Uターン禁止 | 2 HOUR PARKING 2時間駐車可 |

| カンガルー飛び出し注意 | STOCK CROSSING 家畜横断注意 | SHARED ZONE 歩行者優先 | CLEARWAY 6-10AM MON-FRI 駐停車禁止区域 | この先ラウンドアバウトあり |

◯ レンタサイクル

ケアンズ中心部はコンパクトなので、自転車でまわるのもおすすめ。
レンタサイクル・ショップに連絡して予約するか、直接店舗に行って借りることができる。
保証金としてクレジットカードの提示を求められることが多いので、用意しておこう。

主なレンタサイクル・ショップ

ショップ名	データ	ポイント
ケアンズ・スクーター＆バイシクル・ハイヤー Cairns Scooter & Bicycle Hire	☎0423641347 ☎(07)4031-3444 営8～17時（土曜は9時～16時30分、日曜は9～14時）休なし 料自転車1日A$15～、スクーター1日A$100～ MAPP116-B2 大判表-A2	すべての自転車にヘルメットと鍵が付く

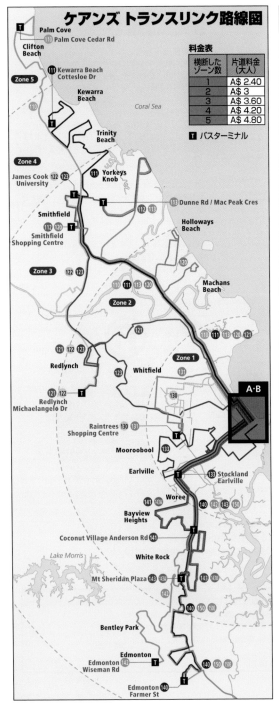

ケアンズ トランスリンク路線図

路線凡例

- 110 Cairns Central to Palm Cove
- 111 Cairns Central to Kewarra Beach
- 112 Smithfield Shopping Centre to Yorkeys Knob
- 113 Cairns Central to Smithfield
- 120 Cairns Central to Smithfield Shopping Centre
- 121 Cairns Central to Redlynch
- 122 Redlynch to James Cook University
- 123 James Cook University to Cairns Central
- 130 Cairns Central to Raintrees
- 131 Cairns Central to Raintrees
- 133 Cairns City bus station to Earlville
- 140 Cairns Central to Edmonton
- 141 Cairns Central to Coconut Village
- 142 Cairns Central to Edmonton
- 143 Cairns Central to Mt Sheridan Plaza
- 143N Cairns Central to Mt Sheridan Plaza
- 150 Cairns Central to Gordonvale
- 150E Cairns Central to Gordonvale

料金表

横断した ゾーン数	片道料金 (大人)
1	A$ 2.40
2	A$ 3
3	A$ 3.60
4	A$ 4.20
5	A$ 4.80

T バスターミナル

グルメ

世界的な観光地なので、モダン・オーストラリア料理から、各国料理までバラエティ豊かな料理が揃う。日本料理のレベルも高い。新鮮なカキやロブスター、カンガルーやワニなど珍しい食材を使った料理にもトライしたい。

OZグルメでも紹介♪P16

ハーバー周辺　MAP P117-C4　大判▶表-C4

ヘミングウェイ・ブリュワリー・ケアンズ・ワーフ
Hemingway's Brewery Cairns Wharf

海を見ながらクラフトビールで乾杯

ケアンズを代表するポートダグラスにある地ビール醸造所が2018年6月にケアンズ・ワーフ・ターミナルにオープンしたビアレストラン。かつて倉庫として利用されていた建物を改装した店内では、個性的なクラフトビールA\$8〜とビールに合う料理が楽しめる。

DATA ⊗ケアンズシティBSから徒歩10分 ⊕4 Wharf St. ☎0482173756 ⊕12〜22時 ㊡なし 圓圍A\$35〜

港を見ながらビールを飲める

ヒーローバーガーA\$26

ハーバー周辺　MAP P117-D2　大判▶表-D2

ウォーターバー＆グリル・ステーキハウス
Waterbar & Grill Steakhouse

オージービーフの旨さに脱帽

地元産の牛肉を炭火でシンプルに調理するのは素材に自信があるからこそ。オージービーフのおいしさを堪能して。スペアリブ(フル) A\$68。DATA ⊗ケアンズシティBSから徒歩10分 ⊕ザ・ピア・ケアンズ(→P46)内 ☎(07)4031-1199 ⊕17時30分〜21時(金・日曜は12時〜14時30分、17時30分〜21時30分。土曜は17時30分〜21時30分) ㊡なし 圓A\$30〜 圍A\$50〜

ハーバー周辺　MAP P117-D2　大判▶表-D2

ソルト・ハウス
Salt House

マリーナ横の人気店

海を望むロケーションと洗練された雰囲気が人気のレストラン&バー。自慢のモダンオーストラリア料理には、肉もシーフードもある。DATA ⊗ケアンズシティBSから徒歩8分 ⊕Marina Point, 6/2 Pier Point Rd. ☎(07)4041-7733 ⊕11時30分〜深夜 ㊡なし 圓A\$30〜、圍A\$60〜

ハーバー周辺　MAP P117-C3　大判▶表-C3

タマリンド
Tamarind

洗練されたレストランでエレガントな料理を堪能

数々のアワード受賞歴があり、地元の美食家たちにも評判のレストラン。新鮮な地元の食材を使用し、盛り付けにもこだわったオリジナリティあふれるオーストラリアン・フリースタイル料理を提供している。メニューは季節ごとに替わり、2コースA\$80〜、3コースA\$90〜。オーストラリア産ワインやビール、カクテルなども豊富に揃う。洗練された雰囲気で、思い出に残るひとときを過ごせるはず。DATA ⊗ケアンズシティBSから徒歩8分 ⊕プルマン・リーフ・ホテル・カジノ(→P52)内 ☎(07)4030-8897 ⊕18時〜21時30分 ㊡なし 圍A\$40〜

落ち着いた雰囲気の店内

旬の素材を使用したコース料理の一例。ワインにもよく合う

ハーバー周辺　MAP P117-D3　大判▶表-D3

ザ・バックヤード
The Backyard

カジュアルバー＆キッチン

リーフ・フリート・ターミナルの目の前にあり、クルーズからの帰港後にすぐに立ち寄るのが便利。種類豊富でユニークなカクテルや、多彩なアラカルトメニューを楽しめる。看板メニューはエビやモートンベイ・バグ、カキなどの海の幸が山盛りの「シーフード・プラッター」A\$90(約2人前)。DATA ⊗ケアンズシティBSから徒歩10分 ⊕シャングリ・ラ・ザ・マリーナ・ケアンズ(→P24) ☎(07)4052-7670 ⊕12時〜21時30分 LO ㊡なし ㊤A\$35〜 圓A\$22〜 圍A\$36〜

マリーナを臨む席で景色と食を楽しめる

シーフード・プラッター

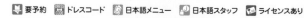
🔲 要予約　📷 ドレスコード　📖 日本語メニュー　💬 日本語スタッフ　🍷 ライセンスあり

ハーバー周辺　MAP P117-D3　大判▶表-D3

ブルー・マーリン・ビストロ
Blu Marline Bistro

赤いパラソルが目印のカフェ

クルーズ船の発着場の目の前にあるので、待ち時間に利用するのにぴったり。プルドポークバーガーA\$28やオーストラリアンステーキサンドイッチA\$22が人気。

DATA ⊗ケアンズシティBSから徒歩9分 ⊕1 Spence St. リーフ・フリート・ターミナルに隣接 ☎(07)4031-6222 ⊕6～14時（ランチは11時～）⊕なし ⊕A\$15～

ハーバー周辺　MAP P117-D2　大判▶表-D2

ピアット
Piato

素材の味を活かした地中海風の料理

マリーナの一角にある複合施設ザ・ピア・ケアンズ内のレストラン。カジュアルな雰囲気でファミリーでも利用しやすい。オーストラリア近海でとれた新鮮な魚介類をはじめ、オージービーフや国内産のフルーツなどを使った地中海風の料理を味わえる。ランチではピタパン付きのグリークサラダA\$18.50や、ボリュームたっぷりのリブステーキサンドイッチA\$21.50などを味わえる。

DATA ⊗ケアンズシティBSから徒歩10分 ⊕ザ・ピア・ケアンズ（→P46）内 ☎(07)4041-4284 ⊕11時30分～21時30分 ⊕なし ⊕圓A\$20～ 図A\$50～

マリーナを見渡せるテラス席　　コーラルトラウトA\$42

ケアンズ中心部　MAP P117C1　大判▶裏-C4

シーシーズ・バー・アンド・グリル
CC's Bar & Grill

こだわりの熟成肉に舌鼓

契約牧場直送のオージービーフの熟成肉が味わえるステーキハウス。地産地消にこだわり、厳選した旬の食材を使用。ライブキッチンで豪快に肉を焼き、気取らない雰囲気で食事を楽しめる。サーロインステーキ200gA\$38～。

DATA ⊗ケアンズシティBSから徒歩1分 ⊕クリスタルブルック・ベイリー（→P52）内 ☎(07)4253-4010 ⊕17時30分～22時 ⊕月・日曜 ⊕A\$100～

エスプラネード　MAP P117-C2　大判▶表-C2

スパイシー・バイト
Spicy Bite

OZテイストのカレーを

カンガルーやワニ肉などを、20種類以上のスパイスで煮込んだオリジナルカレーが評判。辛さ調整もでき、全品テイクアウェイOK。キッズミールA\$19.50～もある。

DATA ⊗ケアンズシティBSから徒歩4分 ⊕Shop6, 53 The Esplanade ☎(07)4041-3700 ⊕12時～14時30分LO、17～21時LO ⊕月・火の昼 ⊕図A\$25～

ケアンズ中心部　MAP P117-C2　大判▶表-C2

ペロッタズ・アット・ザ・ギャラリー
Perrotta's at the Gallery

板張りのテラスが目印

パスタからメインまで、本格的イタリア料理を堪能できるオープンエアのレストラン。街歩きの途中でカフェとして利用するのもいい。

DATA ⊗ケアンズシティBSから徒歩2分 ⊕ケアンズ・アートギャラリー（→P54）内 ☎(07)4031-5899 ⊕6時30分～21時LO ⊕なし ⊕圓A\$20～ 図A\$30～

ハーバー周辺　MAP P117-D3　大判▶表-D3

オカー・レストラン
Ochre Restaurant

独創的な料理を生み出すクレイグ氏のレストラン

ケアンズのグルメ界を牽引するクレイグ・スクワイヤー氏がオーナーシェフ。オーストラリアの高級食材やアボリジニの人々が使用してきた伝統食材などを使用し、モダンにアレンジした創作料理を提供する。ワニやカンガルー、エミューなどのブッシュフードを味わえるオーストラリアン・アンティパストA\$48がおすすめ。アサートン高原の熟成肉やシーフード料理のほか、デザートにも定評がある。

DATA ⊗ケアンズシティBSから徒歩10分 ⊕Shop 6, 1 Marlin Parade ☎(07)4051-0100 ⊕11時30分～21時30分 ⊕日曜 ⊕圓A\$25～ 図A\$45～

ワインがすすむアンティパスト

ケアンズ中心部　MAP P116-B2　大判▶表-B2

フェッタズ・グリーク
Fetta's Greek Restaurant

本格ギリシア料理を味わう

ファラフェル（ヒヨコ豆のパテを揚げた料理）などのギリシア料理の店。金・土曜20時へのベリーダンスや伝統の皿割りが楽しい。

DATA ⊗ケアンズシティBSから徒歩3分 ⊕99 Grafton St. ☎(07)4051-6966 ⊕17～21時 ⊕日曜 ⊕セットメニューA\$42.50～（2人～）

ショッピング

小さな街ながら、ショッピングセンターやデパートがあり、ショッピングには便利。日本でも人気が高いオージーブランドのファッションやコスメ、食品は、要チェック。おみやげにピッタリなユニークな雑貨も多い。

お買い物天国でも紹介♪P18

ケアンズ駅周辺 　　　MAP P116-A2　大判▶表-A2

ケアンズ・セントラル
Cairns Central

ケアンズ最大規模の買い物パラダイス

ケアンズ駅に隣接し、ケアンズ住民もよく訪れる巨大なショッピングセンター。メインエントランスはマクレオド通りとシールズ通りの交差点に面した場所にあり、エントランスから入ると吹き抜けの開放的な空間が広がっている。建物は2階建てで、オーストラリアブランドの人気ショップから、日用品や食料品が揃うスーパー、映画館、フードコートなど、約180のショップが入る。DATA ⊗ケアンズシティBSから徒歩7分　⊕1-21 Mcleod St.　☎(07)4041-4111(代)　⊙9時～17時30分(木曜は～21時、日曜は10時30分～16時。一部店舗は異なる。映画館は夜間も営業)　⊛なし

中華やベトナム料理もある

メインエントランス。海沿いからはやや離れている

ケアンズ駅周辺 　　　MAP P116-A2　大判▶表-A2

スプリッシュ・スプラッシュ
Splish Splash

オシャレな水着専門店

オーストラリアとニュージーランドで人気のブランドのスイムウェアを扱う。セパレートタイプはすべて上下別売りなので、ジャストサイズの水着が見つかるはず。DATA ☎(07)4041-1755　⊕ケアンズ・セントラル(→P45)内　そのほかのデータはケアンズ・セントラルに準じる

ケアンズ駅周辺 　　　MAP P116-A2　大判▶表-A2

マイヤー
Myer

オージーにはおなじみの老舗デパート

マイヤーはオーストラリア全州に店を構える、オーストラリア最大のデパートチェーン。ケアンズではケアンズ・セントラル1階に出店している。レディス・メンズのファッションや小物、コスメなどが充実しており、オージーブランドのコスメは日本未上陸のアイテムを要チェック。インテリアやキッチン用品、子ども服なども揃う。DATA ☎(07)4044-7700　⊕ケアンズ・セントラル(→P45)内　そのほかのデータはケアンズ・セントラルに準じる

外から直接入店できる

老舗デパートだけあって、扱うアイテムは高品質のものが多い

ケアンズ駅周辺 　　　MAP P116-A2　大判▶表-A2

スミグル
Smiggle

ポップなステーショナリーが揃う

カラフルで個性的なデザインが人気。機能性にも優れたステーショナリーやアクセサリーはおみやげにもおすすめ。アルファベットのキーリングA$6.95～。DATA ☎(07)4041-0908　⊕ケアンズ・セントラル(→P45)内　そのほかのデータはケアンズ・セントラルに準じる

ケアンズ中心部 　　　MAP P117-C3　大判▶表-C3

ジュエリー・タカ
Jewellery Taka

オリジナルデザインのアクセ

長年にわたって腕を磨いてきたデザイナーによる、カスタムメイドを中心にしたジュエリーショップ。オーダーしてから最短1日で完成するので、旅行者でも注文可能。DATA ⊗ケアンズシティBSから徒歩8分　⊕Shop11 Village Lane, 20 Lake St.　☎(04)3127-3559　⊙10～17時　⊛日・月曜、祝日

ラスティーズ・マーケット

週末に開かれる名物マーケット。ローカル産のフルーツや野菜などの農作物や、手作りの雑貨、ジュースや作りたての総菜などを販売する100軒以上のブースが並ぶ。観光地ではない地元に密着した一面が見られると人気を呼んでいる。開催日は、金・土曜は5～16時、日曜は5～15時。(MAP P116-B3　大判▶表-B3)

フルーツは安くて美味しい

プチ情報

現地の人が利用するスーパーやドラッグストアはユニークなみやげの宝庫。ローカル・ブランドのファッションやコスメ、食料品が手ごろな価格で手に入る。もちろん定番みやげティムタム(チョコレート)も種類豊富。

ケアンズ中心部　　MAP P117-C3　大判▶表-C3

アンダーアート・ギャラリー
Under Art Gallery

アートクラフト好きにおすすめのギャラリー

現地のアーティストたちの作品を展示・販売している。絵画をはじめ、シルバーやパールなどを使ったジュエリー、手描きの陶器、色使いが美しいアボリジナル・アートのペインティングなど、同じものが2つとない、オリジナルアート作品が手に入る。カラフルなレーズンタイルA\$35〜45、シルバーのペンダントA\$18〜など、リーズナブルな小物も多く、気軽に立ち寄れる。
DATA ⊗ケアンズシティBSから徒歩5分
⊕Shop4, 12 Spence St.　☎0418-790-488
⊕10〜16時(木〜土曜は〜18時)　㉺日曜

蘭の花のアクセサリーA\$42〜、キーリングA\$12など

アボリジナル・アートも必見

ケアンズ中心部　　MAP P116-B3　大判▶表-B3

コーヒー・ワークス
Coffee Works

農場直送のコーヒーを飲める＆買える

ケアンズ近郊のマリーバに農園をもつコーヒー焙煎業者の直営店。マリーバはオーストラリアのコーヒー栽培の中心地で、高品質なコーヒーの産地として知られる。なかでもコーヒー・ワークスは1988年創業の老舗で、ケアンズ店では農場から直送された豊富な種類のコーヒーを販売している。量り売りの豆はおみやげにおすすめ。オリジナルのチョコレートも取り扱っており、コーヒーに合うと評判だ。
DATA ⊗ケアンズシティBSから徒歩7分　⊕14 Spence St.
☎(04)1765-4320　⊕9〜17時(土曜は10〜15時)
㉺日曜、祝日

ローカルコーヒービーンズは1袋A\$14〜

入口近くではコーヒー豆を販売

ケアンズ中心部　　MAP P117-C2　大判▶表-C2

オーキッド・プラザ
Orchid Plaza

好ロケーションのアーケード

ケアンズの街の中心部にあるショッピングモール。7時30分〜22時はアボット通りからレイク通りへ抜けられ、街歩きの途中に気軽に立ち寄れる。1階にはオーストラリア・コスメのショップ、ファッションの店が並び、みやげ探しにぴったり。2階にはアジア食品店があるほか、日本料理や韓国料理のレストラン、小規模ながらフードコートもある。
DATA ⊕ケアンズシティBSから徒歩2分　⊕79 Abbott St.
☎(07)4044-1111　⊕店により異なる　㉺なし

日本人経営の店も多く、アジア街の雰囲気を味わえる

アボット通りとレイク通りを結ぶ

ハーバー周辺　　MAP P117-D2　大判▶表-D2

ザ・ピア・ケアンズ
The Pier Cairns

おしゃれなアイテムが揃う

リゾート客向けのショップが揃う、海沿いの開放的なショッピングセンター。レストランやカフェも充実しており、買物や散策途中の休息場所としてもおすすめ。
DATA ⊗ケアンズシティBSから徒歩10分　⊕Pierpoint Rd.　☎(07)4052-7749　⊕7時〜深夜(店により異なる)　㉺なし(店により異なる)

ケアンズ中心部　　MAP P117-C3　大判▶表-C3

リージェンシー
Regency

自分だけの輝きを手に入れよう

オーキッドプラザすぐそばの家族経営の宝石店。特にオパールは採掘から加工まで手掛けているため、高品質なものが揃う。オパールA\$49〜、ピンクダイヤA\$695〜。
DATA ⊗ケアンズシティBSから徒歩2分　⊕75-77 Abbott St.
☎(07)4031-2924　⊕10〜17時　㉺月・月曜、祝日

オパールについて知ろう

●オパールの正体は?
何かの化石のようだが、実はケイ石という元素の結晶。水に溶け出したケイ酸が沈殿し、長い時間かけて規則的に結合した。

●オパールの種類は?
オーストラリアのオパールは、大別するとホワイト・オパール、ブラック・オパール、ボルダー・オパールの3種類。なかでもブラック・オパールは貴重。

ブラウンとブルーのボルダーオパール　©123RF

ケアンズ中心部　〔MAP〕P117-C3　大判▶表-C3

オーケー・ギフト・ショップ
OK Gift Shop

定番みやげが充実した総合ギフトショップ

大橋巨泉の店として知られ、圧倒的な品揃えで業界をリードしてきた。カンガルージャーキーやマカダミアナッツなどのフードから、スキンケアグッズ、ジュエリー、アボリジナルグッズまで、オーストラリアの定番みやげがズラリと並ぶ。ケアンズのご当地ゆるキャラ「ケアッピ」のぬいぐるみも販売。逆さコアラをモチーフにしたTシャツA$38.95などのオリジナル商品も人気。

〔DATA〕⊗ケアンズシティBSから徒歩5分 ⊕61 Abbott St. ☎(07)4031-6144 ⊛9〜21時 ㊡なし

ケアッピ
ぬいぐるみ
A$14.95

アボット通りとスペンス通りの角に立つ

ケアンズ中心部　〔MAP〕P117-C3　大判▶表-C3

ケアンズ・フジイ・ストア
Cairns Fujii Store

最新のオージーブランドをチェックするならココ！

ファッションからコスメまで、オーストラリアの人気ブランドの商品が店いっぱいに並ぶ。ケアンズでヘレン・カミンスキーのコレクションを扱う唯一の店で、日本でも人気のクランプラーのバッグや、オーストラリアコスメの代表、ジュリークやモアのスキンケアグッズのほか、これからブレイクしそうなオージーブランドの雑貨もいち早く取り揃える。流行を先取りしたい人はぜひ足を運んでみて。

〔DATA〕⊗ケアンズシティBSから徒歩2分（→P46）1階 ⊕オーキッド・プラザ ☎0466849023 ⊛9〜19時

ヘレン・カミンスキーの新作も多数。写真の帽子はA$195〜

スペンス通りに面している

エスプラネード　〔MAP〕P117-C2　大判▶表-C2

オーストラリアン・レザー・カンパニー
The Australian Leather Company

上質なUGGブーツが充実

オーストラリア産の上質なシープスキンを使ったUGGブーツをはじめ、ワニ皮、カンガルー皮などのアクセサリーや小物入れなどが揃う革製品の専門店。

〔DATA〕⊗ケアンズシティBSから徒歩4分 ⊕Shop9, 53-57 The Esplanade ☎0417-754-902 ⊛12〜22時 ㊡なし

ケアンズ近郊　〔MAP〕P114-B2

スミスフィールド・ショッピングセンター
Smithfield Shopping Centre

ローカル御用達の巨大S.C.

ケアンズ近郊で最大級規模のショッピングセンター。各種ショップのほかフードコートも充実。アパートメント滞在中の心強い存在だ。

〔DATA〕⊗ケアンズ市内から車で15分 ⊕Cnr. Captain Cook & Kennedy Hwy. ☎(07)4281-3800 ⊛9時〜17時30分（木曜は〜20時、土曜は〜16時、日曜は10時30分〜16時）㊡なし

キュランダ村　〔MAP〕P28

ビコ
Bico

人気のジュエリーブランド

オーストラリアのサーファーから人気に火が付いたアクセサリーブランド。キュランダ限定商品など数多くのアイテムが揃う。チタン、ウッド、オパールの指輪も人気。

〔DATA〕⊗キュランダ駅から徒歩10分 ⊕15 Therwine St. ☎0413-687-759 ⊛10〜15時 ㊡なし

注目のオージーブランド

オーストラリアならではのアイテムを買っておきたいというなら、やはりオージーブランドは外せない。ヘレン・カミンスキーの帽子やシープスキンブーツのUGGなど、定番ブランドは日本でも購入できるが、現地の方がラインナップの豊富さとリーズナブルな価格が魅力的。またオーストラリアは昔からロハス志向が強く、オーガニック製品のレベルは世界でもトップクラスといわれている。オーガニック食品を探す場合は、国内最大の認定機関が認めた印である「AUSTRALIAN CERTIFIED ORGANIC」というマークが付いているか確認しよう。ジュリークをはじめとする自然派コスメも高い人気を誇っている。

認定マークが付いたオーガニックコーヒーは約A$10。スーパーなどで購入できる

100%自然由来の子ども用シャンプー

肌に優しいジュリークのフェイスオイル

スーパー＆ドラッグストアで手に入れる

ケアンズ 必買アイテム

ケアンズで買うべき物は何？ ここではケアンズ滞在中にすぐに使えるグッズや、みやげに使える品々を厳選して紹介。いずれもスーパー（P49のA・Bを参照）で手に入るA$10前後の買いやすいものばかり。
たくさん買ってスーツケースを一杯にして帰ろう！

雑貨＆スキンケア用品

大自然でのアクティビティに役立つアイテムから、帰国後にみやげとして喜ばれそうなグッズまで、メイド・イン・オーストラリアにこだわった商品はこちら。

↑サースデープランテーションのティーツリーオイル
A$7.80/15㎖
携帯に便利な小サイズの消毒用オイル…AB

➡キッズ用日焼け止めクリーム SPF50+
A$13〜/180㎖
刺激を抑えながらもSPF50+でしっかり日焼けを防いでくれる…AB

←子供用歯ブラシ
A$3.50〜
子どもに人気のキャラクター歯ブラシ。柄の部分が持ちやすく、歯みがき時間が楽しめる…AB

↑サースデープランテーションのラベンダーオイル
A$10〜/50㎖
心をリラックスさせてくれるやさしい香りのラベンダーオイル…AB

←ファストエイドかゆみ止めクリーム
A$9/50g
熱帯雨林散策のお供に！…AB

←ルカズ・パパイヤ治療薬
A$8.80/25g
たいていの擦り傷、切り傷はこれ一本で大丈夫という頼もしい軟膏薬…AB

←バンドエイド
A$2.20〜/20枚
バンドエイド20枚入り…AB

↘オーストラリアンボタニカル ソープの石けん
各A$4
100%オーストラリア産の天然成分をブレンド。クリーミーな泡が持続する…AB

↑レムシップの風邪薬
A$13〜/1箱
オーストラリアでよく飲まれている風邪薬。お湯に溶かして飲む。ホットレモネードのような味。1箱10袋入り…AB

↑ディフラムプラスの喉飴
A$10〜/16個入り
喉がイガイガしたらすぐ口に入れたい喉飴。各種フレーバーがある…AB

➡ブリステックスのリップバーム
A$5〜
高保湿、UVカット効果の高いものなど種類豊富…AB

↑アニハナのバスボム
A$8
天然成分を使用。香りに包まれた、熱いお風呂でリラックスしよう…AB

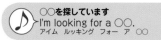
🎵 ○○を探しています
I'm looking for a ○○.
アイム ルッキング フォー ア ○○

🎵 いくらですか？
How much?
ハウ マッチ

フード＆ドリンク

みやげに喜ばれる定番のスナックから、健康志向のオーガニック食品まで、パッケージも味も◎な商品をピックアップ。見つけたら即購入しよう。

➡ポテトチップス
A$2.50
無添加、無着色、グルテンフリーなので安心して食べられる…Ⓐ

➡ナイス＆ナチュラルのローストナッツバー
A$4.75
高タンパク質で食物繊維が豊富。砂糖は控えめで栄養価が高い…ⒶⒷ

⬆ローストひよこ豆
A$5.70
ひよこ豆をローストしたスナック。うす塩味とほんのりガーリック風味で満足感大…ⒶⒷ

⬅裂けるチーズ
A$6.10
オーストラリアの子どもに人気。おやつにもランチにもOK…Ⓑ

⬅ダイナソー・グミ
A$4
恐竜の形のグミ。人工着色料や人工甘味料は不使用…ⒶⒷ

⬆ミックスナッツ
A$2
70gずつ小分けされており、ちょっと食べたいときに便利…Ⓐ

➡ヨーグルトドリンク
各A$2
砂糖、グルテン、ゼラチン不使用で、果汁や果肉入りで飲みやすい…ⒶⒷ

⬅ココベラ・ココナッツ・ウォーター
A$5.50/1ℓ
脂質ゼロで、ビタミンやミネラルが豊富に含まれた健康ドリンク…ⒶⒷ

⬆ベジマイト
A$3.80
「オーストラリアの納豆」ともいわれる野菜エキスで作った発酵食品…ⒶⒷ

⬅栄養食品マンチ
A$6
アーモンドやカボチャの種を低温でローストした栄養豊富なスナック…ⒶⒷ

⬆ベイクドバー
A$5
グルテンフリー、ナッツ不使用。6個入りで個包装…Ⓑ

⬅紅茶
A$2.70
紅茶の産地であるクイーンズランド州ネラダ産の茶葉を使用…ⒶⒷ

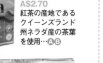

⬅コーヒー
10袋入りA$8.30
オーストラリアの老舗コーヒー会社。ティーバッグタイプで使いやすい…ⒶⒷ

買物はエコバッグで

ケアンズは環境保護の意識が高く、「エコバッグ」「グリーンバッグ」とよばれるマイバッグ持参で買物に行く人が多い。各スーパーではオリジナルのエコバッグを販売。品物がたっぷり入り頑丈なので、ケアンズで購入したら、日本でも活用しよう。

SHOP情報はこちら

Ⓐ　MAP P117-C2　大判▶表-C2
ウールワース
Woolworths
街の中心にあり、便利なロケーションが魅力の大手スーパーマーケット。価格重視路線のためか特売品も多い。惣菜や寿司などもある。
DATA ⊗ケアンズシティBSから徒歩2分
🏠 103 Abbott St.　☎ 4058-5356　⏰6～22時(土曜は7時～、日曜は7～21時)　㊡なし

Ⓑ　MAP P116-A2　大判▶表-A2
コールス ケアンズ・セントラル店
Coles
広い店内に食料品から日用雑貨まで、あらゆる商品が揃う。シリアルやクラッカーなど、味もパッケージも◎のオリジナル自然派食品が狙い目。
DATA ⊗ケアンズシティBSから徒歩5分
🏠ケアンズ・セントラル(→P45)内
☎ (07) 4040-7400　⏰6～22時(土曜は7時～、日曜は7～21時)　㊡なし

これにします
I'd like to take this.
アイド　ライク　トゥ　テイク　ディス

見ているだけです
I'm just looking .
アイム　ジャスト　ルッキング

ケアンズの夜を楽しもう！

ナイトマーケット

オーストラリアの名産品や雑貨など個性的なグッズを扱う店が60店前後並ぶ。プチプラ雑貨も多いので、おみやげ探しにもおすすめ。治安がよく、毎日夕方から深夜まで開いているので、夕食後にのんびり行ってみるのもいい。

DATA ㊋ケアンズシテイBSから徒歩2分
㊟71-75 The Esplanade ☎(07) 4051-7666
㊚17～23時ごろ(店によって異なる) ㊡なし
MAP P117-C2 大判▶表-C2

アクセサリー

スプリングウッド・クラフト

Springwood Craft

手づくりの腕時計やブレスレットが人気。チャームとレザーの色は自由に組合せることができる。
DATA ☎(07) 4041-4482
㊚17～23時

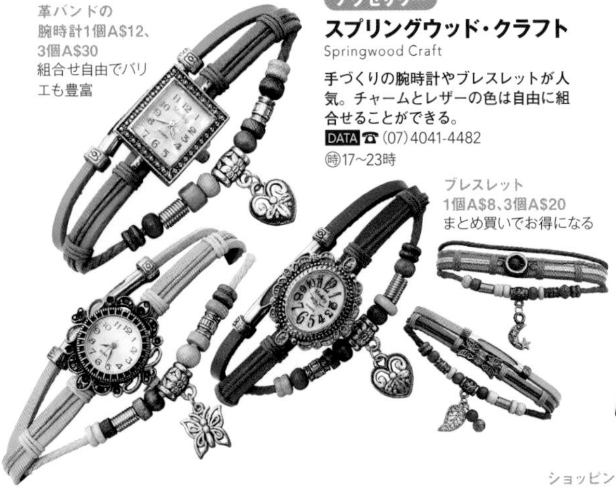

革バンドの腕時計1個A$12、3個A$30
組合せ自由でバリエも豊富

ブレスレット
1個A$8、3個A$20
まとめ買いでお得になる

コースター
1枚A$6.95、6枚A$35
タスマニアン・ブラックウッドを使用。全23デザイン

ルームスプレー
1本A$12.95、2本A$20
オーストラリア製で合成化学物質不使用。香りは12種類

ショッピングバッグ
1個A$12.95、2個A$20
豪州のアーティストがデザイン。45cm×45cm×10cm

雑貨

82K コレクション

82K Collection

キーホルダーやヘアアクセサリーなどプチプラ雑貨が豊富。シルバーアクセサリーも人気。
DATA ㊚16時30分～22時30分

リーフの女性用サンダル
A$40～
ストライプが効いていてクール

ビーチサンダル

トリート・ヤ・フィート

Treat Ya Feet

超軽量なオージーソールなど、はき心地バツグンのビーチサンダルが揃う。サイズやバリエも豊富。
DATA ㊚17時～22時30分

ここもチェック！

スイーツ

マンゴー・バー

The Mango Bar

クイーンズランド州北部産のマンゴーを使用したスイーツやドリンクを提供。濃厚なマンゴーの味を堪能できる。
DATA ㊚17～22時 ㊡日曜

マンゴージュース
A$7.80
フレッシュなマンゴーの味が口いっぱいに広がる

マンゴー・パーフェクト・サンデーA$10.80～
コクのあるソフトクリームにマンゴーのピューレがたっぷり

フードコート

Food Court

中国料理のビュッフェやパスタ、ステーキなどメニューの幅も広く、値段もリーズナブル。10時からの営業なので、ランチスポットとしてもおすすめ。

中国料理のビュッフェ
1皿A$10～

ホテル&アパートメント

観光やショッピング重視の人向け、ファミリー向け、滞在型ホテルなどケアンズのホテルタイプはさまざま。　リゾートステイでも紹介♪P24

エスプラネード　　MAP P117-C2　大判▶表-C2

ブレイクフリー・ロイヤル・ハーバー
BreakFree Royal Harbour Cairns

アパートメントタイプのホテル

客室はキッチン、ランドリーなどが整っているアパートメントタイプ。1階でナイトマーケット(5〜23時)も開催。客室だけでなく、全館でWi-Fiが無料で利用できる。
DATA ⊗ケアンズシティBSから徒歩3分　⊕73-75 The Esplanade　☎(07)4080-8888　⊛時期により変動あり、詳細はHP等で確認を　33室

エスプラネード　　MAP P117-C3　大判▶表-C3

パシフィック・ホテル
Pacific Hotel

ハーバービューを大満喫

リーフ・フリート・ターミナルに近く、観光にもショッピングにも便利。オーシャンビューの客室からはトリニティ湾を望める。全館Wi-Fi接続無料。
DATA ⊗ケアンズシティBSから徒歩5分　⊕43 The Esplanade　☎(07)4051-7888　⊛❸❶A\$229〜　207室

ケアンズ北　　MAP P115A2

ホリデイ・イン・ケアンズ・ハーバーサイド
Holiday Inn Cairns Harbourside

ファミリー向けの特典が充実

空港から車で5分の海岸通りに位置する便利なロケーション。全室バルコニー付きで、屋外プールも備わり、リゾート気分を味わえる。開放的なレストランでは、地元の食材を中心に使用した創作料理を提供。12歳以下の子どもは宿泊や食事が無料になるサービスも。
DATA ⊗ケアンズシティBSから車で4分(ホテルからケアンズ中心部まで無料送迎バスあり)　⊕209-217 The Esplanade　☎(07)4080-3000　⊛❸❶A\$240〜173室

オーシャンビューのスイートルーム

海側・山側の部屋からケアンズの自然景観を楽しめる

エスプラネード　　MAP P115-B3　大判▶裏-C3

ダブルツリー・バイ・ヒルトン
Double Tree by Hilton Cairns

トロピカルガーデンが斬新

エスプラネード沿い。オーシャンビューとマウンテンビューの客室が常設。子供用プールも常設。ロビーエリアでのWi-Fi接続は無料。客室ではA\$9.95〜/24時間。
DATA ⊗ケアンズシティBSから徒歩8分　⊕Cnr. The Esplanade & Florence St.　☎(07)4050-6070　⊛❸❶A\$199〜　237室

ケアンズ中心部　　MAP P117-C1　大判▶表-C1

ノボテル・ケアンズ・オアシス・リゾート
Novotel Cairns Oasis Resort

家族で楽しめるリゾート

2019年にロビー、レストラン、客室、パブリックスペースが改装され、快適な空間に生まれ変わった。スイムアップバーを備えたラグーンスタイルのプールが人気。
DATA ⊗ケアンズシティBSから徒歩1分　⊕122 Lake St.　☎(07)4080-1888　⊛時期により変動あり、詳細はHP等で確認を　314室

ケアンズ近郊　　MAP P115-A2

ケアンズ・コロニアル・クラブ・リゾート
Cairns Colonial Club Resort

ゆっくりとリゾートを満喫

ケアンズ郊外に位置し、リゾートの雰囲気を満喫できる。熱帯植物が生い茂るトロピカルガーデンに囲まれ、館内はコロニアル調の明るい色で統一。3つのプールがあり、プールサイドカフェではドリンクや食事を楽しめる。キッズプールやファミリー向けの設備も充実。
DATA ⊗ケアンズ市内から車で8分　⊕18-26 Cannon St., Manunda　☎(07)4053-8800　⊛❸❶A\$169〜　345室

緑豊かなトロピカルガーデンが見渡せる

ラグーンスタイルのプール

🔷日本語スタッフ　🏨レストラン　🏊プール　💪フィットネスジム　💆エステ　🛍ショップ　💼ビジネスセンター

ケアンズ北　　　　　　　　MAP P115-B3　大判▶裏-C1

リッジス・エスプラネード・リゾート
Rydges Esplanade Resort Cairns

静かなロケーションが魅力

ビーチフロントの大型ホテル。南国ムードあふれる緑豊かな敷地には3つのプールやテニスコートが備わり、館内にはレストランも併設。全館Wi-Fi接続は無料。
DATA ⊗ケアンズシティBSから徒歩15分　⊕209-217 Abbott St.　☎(07)4044-9000　㋫⑤🅣A$210～　242室

エスプラネード　　　　　　MAP P117-C2　大判▶表-C2

マントラ・エスプラネード
Mantra Esplanade Cairns

ラグーンや市街を一望

市街中心部の便利な立地。バスルームやバルコニーが付いたモダンなホテルタイプと、フルキッチンやランドリーを備えた機能的なアパートメントタイプがある。Wi-Fi接続は無料。
DATA ⊗ケアンズシティBSから徒歩4分　⊕53-57 The Esplanade　☎(07)4046-4141　㋫時期により変動あり、詳細はHP等で確認を　120室

ハーバー周辺　　　　　　　MAP P117-C3

プルマン・リーフ・ホテル・カジノ
The Pullman Reef Hotel Casino

都会のオアシスでホテルライフを満喫

ケアンズ中心部にあり、リーフ・フリート・ターミナルにも程近い高級ホテル。全室にジャグジーバスとバルコニーを備え、ケアンズ市街やトリニティ湾を一望できる。客室は、スーペリアルーム、デラックスルーム、ジュニアスイートなど5タイプあり、「タマリンド(→P43)」など5件のレストラン&バーをはじめ、カジノ、屋上プール、ジムなど設備も充実。ホテルとカジノは別棟のため、ホテル側は静かに過ごせる。多彩な魅力があり、観光もビジネスでの滞在にも最適だ。
DATA ⊗ケアンズシティBSから徒歩8分　⊕35-41 Wharf St.　☎(07)4030-8888　㋫⑤🅣A$225～　127室

カジノ棟とは独立したホテル棟のロビー

客室は36㎡と広々。浴室とトイレも別

エスプラネード　　　　　　MAP P117-C1　大判▶表-C1

マントラ・トリロジー
Mantra Trilogy Cairns

長期滞在や家族での滞在に

ホテルタイプのほか、キッチン、ランドリー、プライベートバルコニー、ケーブルテレビなど、設備が充実している快適なアパートメントタイプもあり。Wi-Fi接続は無料。
DATA ⊗ケアンズシティBSから徒歩10分　⊕101-105 The Esplanade　☎(07)4080-8000　㋫時期により変動あり、詳細はHP等で確認を　230室

ケアンズ中心部　　　　　　MAP P117-C1

クリスタルブルック・ベイリー
Crystalbrook Bailey

モダンデザインの進化型アートホテル

館内にはアートスペースがあり、各フロアにはそれぞれ趣向を凝らした作品を展示するなど、アートに特化した空間が広がる。ホテルタイプと、キッチンやランドリーなどを備えた1～3ベッドルームのアパートメントタイプがあり、長期滞在も可能。併設の高級ステーキレストランも好評だ。
DATA ⊗ケアンズシティBSから徒歩1分　⊕163 Abbott St.　☎1300-002-050　㋫⑤🅣A$240～(※支払いは現金不可)　255室

ケアンズの山並みや市街を一望できるアーバンルーム

静かなプールサイドでのんびり過ごすのもおすすめ

モダンで開放的な建物

プチ情報

アパートメントに滞在し自炊するなら、少量の調味料は持参するのがおすすめ。醤油やソースは弁当用の小さなパックのものが便利だ。現地調達するよりも、かなり無駄が省ける。

アクティビティ &植物園

美しい海と豊かな緑がすぐ近くに広がるケアンズには、自然の中で楽しめるアクティビティが目白押し。熱帯植物が生い茂る植物園も訪れたい。

アクティビティでも紹介♪P22

ダイビング　　MAP P115-A3

ダイバーズ・デン
Divers Den

体験ダイビングも実施

世界最大級のダイビング・ショップ。2度3度と訪れるリピーターが多く、ダイブ・クルーズの種類が多いのが人気の理由。経験豊富な日本人スタッフが丁寧に指導してくれるため、初めて海に潜るという人でも大丈夫。体験ダイビングA\$319〜(シュノーケリング+1ダイブ)で、きれいなサンゴの海と水中での不思議な感覚を楽しもう。**DATA** ⊗ケアンズ駅から徒歩10分　⊕319 Draper St.　☎(07)4046-7333　㊡8時〜16時30分　㊡なし

ダイブ・クルーザーが毎日運航

ダイビング　　MAP P116-B2　大判▶表-B2

プロ・ダイブ・ケアンズ
Pro Dive Cairns

豊富なダイビングスポット

朝7時に出港、グレートバリアリーフ最東端のサンゴ礁群にあるダイブスポットを巡る、2泊3日のダイブトリップが好評。ケアンズからの日帰りトリップもある。**DATA** ⊗ケアンズシティBSから徒歩2分　⊕Cnr. Grafton ＆ Shields Sts.　☎(07)4031-5255　㊡8〜17時

ダイビング　　MAP P117-C2　大判▶表-C2

ツサ・ダイブ
Tusa Dive

クルーザーをゆったり使用

16カ所のダイビング・ポイントから、その日のベスト・ポイントをチョイスするため、いつも最高の日帰りダイビングが楽しめる。体験ダイビングA\$420〜(諸費用込)。**DATA** ⊗ケアンズシティBSから徒歩4分　⊕Cnr. Shields St. ＆ The Esplanade　☎(07)4047-9100　㊡7時30分〜16時　㊡なし

ジェットボート　　MAP P117-D3　大判▶表-D3

NQウォーター・スポーツ
NQ Water Sports

ウォータースポーツに挑戦

希望の時間でジェットボートを催行。1人乗りA\$190、2人乗りA\$260、所要約1時間。日本語のインストラクションビデオあり。**DATA** ⊗ケアンズシティBSから徒歩10分　⊕B Finger/Marine Marina(ピア前B桟橋)　☎0412-596-798　㊡9〜17時　㊡なし

プール　　MAP P114-B3

シュガーワールド・ウォーターパーク
Sugarworld Waterpark

スライダーが楽しいプール

多彩なタイプのスライダーが揃い、大人も子どもも楽しめる。**DATA** ⊗ケアンズ市内から車で20分　⊕Hambledon Drive, Edmonton　☎(07)4055-5477　㊡土・日曜、祝日、スクールホリデー期間の10時〜16時30分㊡スクールホリデー期間以外の平日　㊡A\$26〜(ウォータースライダー込み)

ゴルフ　　MAP P119-A3

ミラージュ・カントリークラブ
Mirage Country Club

豪華ホテルに隣接するコース

シェラトン・グランド・ミラージュ・リゾート・ポートダグラス(→P66)の敷地内にある。サンゴ礁の海を望む、憧れのコースの一つ。中〜上級者向け。**DATA** ⊗ケアンズ市内から車で1時間　⊕Port Douglas Rd., Port Douglas　☎(07)4099-5537　㊡7〜18時30分　㊡なし　㊡18ホールA\$99

植物園　　MAP P115-A2

ケアンズ・ボタニック・ガーデン
Cairns Botanic Gardens

熱帯の植物が生い茂る

1866年に開園した植物園。38ヘクタールの敷地に約1万本の熱帯植物が植えられている。無料で入園可能なのがうれしい。園内のカフェは隠れた人気スポット。**DATA** ⊗ケアンズ市内から車で30分　⊕Collins Ave., Edge Hill　☎(07)4032-6650　㊡8時30分〜16時(土・日曜は9時30分〜14時)　㊡なし　㊡無料

プチ情報　ケアンズでは、サーフィンやボードセイリングができない。一番の理由は海があってもビーチがないこと。またケアンズ近郊のビーチでもサーフィンができるような波はあまりない。

 要予約　日本語スタッフ

アート

ケアンズといえばG.B.R.や熱帯雨林などの大自然が有名だが、その自然に魅せられたアーティストたちが、この地に数多く住んでいることはあまり知られていない。彼らはその豊かな感性で、愛する自然を表現する。建物として、オブジェとして、絵画として。南国の町、ケアンズを描いたアートスペースにぜひ足を運んでみよう。

建築　MAP P114-B4

バロネラパーク
Paronella Park

昼と夜では異なる顔を見せる建造物アート

1913年代にスペインからやって来た移住者、ホセ・バロネラが故郷を想い、異国の地に築き上げたスペイン風の城。1935年から一般に公開されたが、水害や火災などに遭い、一時は熱帯植物に覆われた廃墟と化していた。現在は自然に溶け込んだ形で再建。日本人にも人気の高い観光スポットとなっている。
DATA ⊠ケアンズ市内から車でブルースハイウェイ(国道1号線)を南下し約1時間30分。イニスフェイルから西に入る
⊕1671 Japoonvale Rd.,Mena Creek
☎(07) 4065-0000
⊕9時〜19時30分(最終入場18時)
⊛なし　⊕大人A$55(5〜15歳A$31)

幻想的な風情を醸す城。夜はライトアップされ神秘的

園内の各所に休憩場所がある
丘の上からの景色も格別

教会美術　MAP P115-B3　大判▶裏-C3

聖モニカ・カテドラル
St.Monica's Cathedral

世界最大級のステンドグラス

第二次大戦時の戦死者を供養するために建てられた教会で、教会の壁面を覆う巨大なステンドグラスで知られる。聖書のストーリーを基にしたステンドグラスは一見の価値あり。
DATA ⊠ケアンズシティBSから徒歩10分 ⊕183 Abbott St.
☎(07) 4046-5620 ⊕8〜17時 ⊛なし(土・日曜は関係者のみ) ⊕無料

クリエーション・ウインドとも呼ばれる

アート全般　MAP P117-C2　大判▶表-C2

ケアンズ・アート・ギャラリー
Cairns Art Gallery

ケアンズを代表するモダンアート

ノースクイーンズランド州最大の美術館。展示館内の家具類はすべて地元アーティストの作品。モダンアートだけではなくアボリジナル・アートの常設展示もある。感性が光るみやげ物も揃う。
DATA ⊠ケアンズシティBSから徒歩3分 ⊕Cnr Abbott&Shields Sts ☎(07) 4046-4800 ⊕9〜17時(土曜は10時〜、日曜は10〜14時) ⊛祝日 ⊕無料

文化遺産にも指定された歴史的建造物

ギャラリーショップ
ケアンズ・アート・ギャラリーのショップには、ここでしか手に入らないユニークなグッズが揃う。
オーストラリア製のティータオル

アボリジナル・アートをモチーフにしたポストカードから食器、雑貨まで幅広い品揃え

ショー＆ライブ

オーストラリアのエンターテイナーによるショーや熱いライブミュージックを聞きながら、夜も楽しく過ごそう。熱帯雨林やグレートバリアリーフの生態系がわかるケアンズ水族館は、時間があればぜひ訪れたい。

ハーバー周辺　　　　　MAP P117-C3

バー36
BAR36

生演奏が楽しめるライブラウンジ

オーストラリア国内や地元のエンターテイナーによるライブ音楽から、最先端のサウンドとビジュアルによる本格的なショーまで楽しめる。生演奏が流れるラウンジは落ち着いた雰囲気で、創造的なカクテルでくつろいだり、シェフが手掛けるアジア料理を味わうのにぴったり。毎日17〜19時にハッピーアワーを開催している。

DATA ⊗ケアンズシティBSから徒歩8分　⊞プルマン・リーフ・ホテル・カジノ（→P52）内　☎なし　⊛16〜23時（金・土曜は16時〜深夜）　⊛なし　⊛ビールA\$8〜、グラスワインA\$8.50〜

アジア風の味付けのお酒に合う料理が揃う

モダンなアールデコ調のインテリア

ケアンズ中心部　　　　MAP P117-C1　大判▶表-C1

エリクサー・ミュージック・ハウス
Elixir Music House

ケアンズを代表するミュージシャンも登場

ジャズやブルースをはじめとするライブミュージックを聞きながら、ケアンズ周辺の地ビールやローカルブランドのコーヒー、そしてタパスを楽しめる。ケアンズで活動するミュージシャンによる演奏が中心だが、詩の朗読やコメディアンのショー、大学生による演奏などが披露されることもある。フレンドリーなスタッフが出迎えてくれるので、旅行者でも気軽に立ち寄れると評判だ。

DATA ⊗ケアンズシティBSから徒歩4分　⊞92 Abbott St.　☎0497119956　⊛19時〜深夜　⊛月曜　⊛ビールA\$6〜、グラスワインA\$6.5〜

ビールに合う料理なども充実している

音楽とお酒を愛する人たちが集まり、連日賑やか

高さ2mの水中トンネル。ひとつの水槽をさまざまな角度から観察できる洞窟

ケアンズ周辺の生きものが大集合

ケアンズ水族館
Cairns Aquarium　MAP P115-B3　大判▶裏-C4

ケアンズ中心部から徒歩圏内のオアシスリゾートホテルの隣にあるケアンズ水族館。北クイーンズランドの水辺や水中に生息する生物を一堂に集めており、ゲートをくぐると川から海へ流れるように展示されており、生物多様性の観察ができるようになっている。広大な水域に生息する多彩な生き物たちを一箇所で見られるスケールの大きさが注目されている。

DATA ⊗ケアンズシティBSから徒歩5分　⊞5 Florence St.　☎(07)4044-7300　⊛9時30分〜15時30分　※最終入館は1時間前　⊛なし　⊛A\$58（3〜14歳A\$33）

水中にいるような気分を味わえる

2階建てのモダンな建物。バリアフリー対策は万全

高さ10mの水槽。下から見上げるとダイバーになって泳いでいるよう

バー＆ナイトクラブ

ケアンズの夜をエンジョイするなら、バーやナイトクラブはハズせない。地ビールやオリジナルカクテルもチェックしたい。ローカルにも愛される人気スポットへでかけよう！

○Zグルメでも紹介♪P16

ハーバー周辺 　　　MAP P117-D2　大判▶表-D2

ザ・ピア・バー＆グリル
The Pier Bar & Grill

開放感たっぷりで気軽に入れるバー

海沿いのザ・ピア・ケアンズにあり、潮風に吹かれながら音楽と食事が楽しめ、ローカルにも人気の店。薪で焼き上げるピザA$22〜やバーガー類A$24〜をはじめ、ステーキやシーフード、タパスなど、豊富なメニューが揃う。ドリンクは世界各地のワインとビールが充実。広い店内にはダンスホールがあり、火・木〜日曜の夜にはミュージックライブが行われる。

DATA ⊗ケアンズシティBSから徒歩10分 ⊕ザ・ピア・ケアンズ（→P46）内 ☎(07)4031-4677 ⊕11時30分〜深夜 ⊛なし ⊕ビールA$9〜、スピリットA$9〜

エスプラネード 　　　MAP P117-C2　大判▶表-C2

ラトル・アンド・ハム
Rattle n Hum

スポーツ観戦もできる

オープンエア席が多く、活気あふれる店。生ビールの種類が豊富。薪で焼いた窯焼きスモークサーモンピザA$25、プライムリブステーキA$42などフードメニューも充実。DATA ⊗ケアンズシティBSから徒歩3分 ⊕67 The Esplanade ☎(07)4031-3011 ⊕12〜24時(土・日曜は11時30分〜) ⊛なし ⊕A$20〜

ハーバー周辺 　　　MAP P117-C4　大判▶表-C4

モンドー・オン・ザ・ウォーターフロント
Mondo on the Waterfront

海を見渡せる好ロケーション

アジア風料理からオージービーフまで、さまざまな料理が楽しめる。DATA ⊗ケアンズシティBSから徒歩10分 ⊞ヒルトン(→P25)内 ☎(07)4052-6780 ⊕12時〜20時30分 ⊛なし ⊕ビールA$9〜、シズリングA$34

ケアンズ中心部 　　　MAP P116-B3　大判▶表-B3

ザ・ユニオン・ジャック・ホテル
The Union Jack Hotel

気軽に入れるオージーパブ

地ビール、ワイン、カクテルなど何でも揃うパブ。地元産ビーフのステーキは、ボリュームたっぷり。店内席と屋外席を用意している。DATA ⊗ケアンズシティBSから徒歩6分 ⊕Cnr. Spence & Sheridan Sts. ☎(07)4051-2490 ⊕ランチ12時〜14時30分、ディナー17〜23時LO、バー10時〜翌2時 ⊛なし ⊕ビールA$8.50〜、スピリットA$9.50〜

ケアンズ中心部 　　　MAP P116-B2　大判▶表-B2

ミッギンティーズ
McGinty's

ギネスの生ビールが飲める

外観・内観ともに伝統的なアイリッシュ・スタイルのバー。アルコールサイダーと10種類のドラフトビールのほか、ウイスキーやスピリットも豊富。DATA ⊗ケアンズシティBSから徒歩3分 ⊕41 Shields St. ☎(0407)968-870 ⊕13〜24時(日曜は15時〜) ⊛月曜 ⊕ビールA$7〜、ギネスA$10〜

ケアンズ中心部 　　　MAP P116-B2　大判▶表-B2

ギリガンズ・ナイトクラブ＆バー
Gilligans Night Club & Bar

遅くまで盛り上がるならココ

ケアンズ最大のダンスフロアをもつ人気のナイトクラブ。バックパッカー向けの大型ホテルにあり、毎晩賑わう。宿泊者にはドリンク割引サービスも。DATA ⊗ケアンズシティBSから徒歩5分 ⊕57-89 Grafton St. ☎(07)4041-6566/1800-556-995 ⊕10時〜翌3時(金・土曜は〜翌5時) ⊛なし ⊕ビールA$7〜、スピリットA$7〜、カクテルA$14〜

ケアンズ中心部 　　　MAP P117-C2　大判▶表-C2

ウール・シェッド
The Wool Shed

世界中のバックパッカーが集う

リーズナブルなアルコール価格とオープンスタイルの雰囲気で、特に世界中から集うバックパッカー達に人気の歴史あるバー。各種オリジナル・カクテルが人気。DATA ⊗ケアンズシティBSから徒歩すぐ ⊕24 Shields St. ☎(07)4031-6304 ⊕21時〜深夜(金・土曜は20時〜) ⊛月・火曜

🎫ライセンス 🈂日本語スタッフ

Lala Citta Cairns

ケアンズから

1 DAY トリップ

1 DAY Trip From Cairns

CONTENTS

Lala Citta Cairns Great Barrier Reef

近郊へのアクセスアドバイス

ケアンズからひと足のばして、ビーチリゾートや国立公園へ。
美しい自然が広がる地へは、バスやレンタカーを利用しよう。

| パーム コーブへ | ケアンズシティBSから、路線バス(TransLink)のルート110(所要約1時間)を利用する。10人までのグループなら、ボックスタイプのMAXIタクシーもおすすめ。車は所要30分。 |

| ポート ダグラスへ | 公共の交通機関はないので、民営のトランスファー専用バスを使うことになる。バスは予約制で、市内の主要ホテルを循環する。所要1時間20分。料金はバス会社によって異なる。車は所要1時間。 |

| ケープ・トリビュ レーションへ | 公共の交通機関はないので、レンタカーまたは日帰りのバスによるオプショナルツアーを利用することになる。(デインツリー方面) |

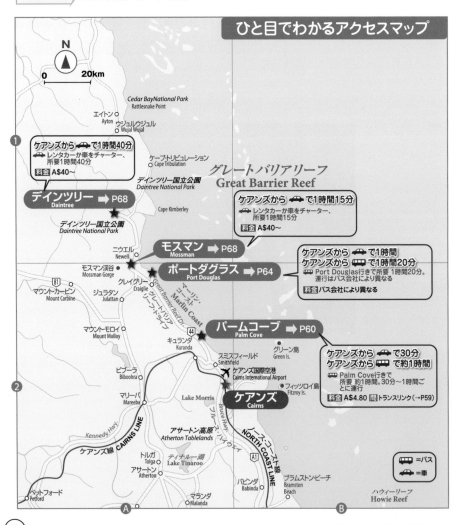

ひと目でわかるアクセスマップ

N

0   20km

Cedar Bay National Park
Rattlesnake Point

エイトン
Ayton

ウジュルウジュル
Wujal Wujal

❶ ケアンズから 🚗 で1時間40分
🚗 レンタカーか車をチャーター、所要1時間40分
料金 A$40〜

ケープ・トリビュレーション
Cape Tribulation

デインツリー国立公園
Daintree National Park

グレートバリアリーフ
Great Barrier Reef

デインツリー ➡ P68
Daintree

Cape Kimberley

ケアンズから 🚗 で1時間15分
🚗 レンタカーか車をチャーター、所要1時間15分
料金 A$40〜

デインツリー国立公園
Daintree National Park

ニウエル
Newell

モスマン渓谷
Mossman Gorge

モスマン ➡ P68
Mossman

ポートダグラス ➡ P64
Port Douglas

ケアンズから 🚗 で1時間
ケアンズから 🚌 で1時間20分
🚌 Port Douglas行きで所要 1時間20分。運行はバス会社により異なる
料金 バス会社により異なる

マウント・カービン
Mount Carbine

ジュラダン
Julatten

クレイグリー
Craiglie

マウント・モロイ
Mount Molloy

キュランダ
Kuranda

パームコーブ ➡ P60
Palm Cove

81

44

ビブーラ
Biboohra

スミスフィールド
Smithfield

グリーン島
Green Is.

ケアンズから 🚗 で30分
ケアンズから 🚌 で約1時間
🚌 Palm Cove行きで所要 約1時間。30分〜1時間ごとに運行
料金 A$4.80 間 トランスリンク(→P59)

マリーバ
Mareeba

ケアンズ国際空港
Cairns International Airport

Lake Morris

フィッツロイ島
Fitzroy Is.

ケアンズ
Cairns

❷

アサートン高原
Atherton Tablelands

ブルース・ハイウェイ
Bruce Hwy.

NORTH COAST LINE
ノース・コースト線

A1

Kennedy Hwy.

ケアンズ線
CAIRNS LINE

トルガ
Tolga

ティナルー湖
Lake Tinaroo

アサートン
Atherton

バビンダ
Babinda

ブラムストンビーチ
Bramston Beach

ペットフォード
Petford

マランダ
Malanda

ハウィーリーフ
Howie Reef

A   B

🚌 =バス
🚗 =車

起点となるのは？

ケアンズから北の海岸沿いのリゾート地へは、鉄道の便はない。したがってバスやタクシー、レンタカーを利用して訪れるのが一般的なアクセス方法。パームコーブへの起点となるのは、ほとんどの路線バスが発着するケアンズのケアンズシティBSプラットホーム2(MAP/P116-B1)とケアンズ駅前のケアンズ・セントラル(MAP/P116-A2)。

タクシーを利用する場合は、タクシー乗り場へ。ケアンズシティBS近くにある乗り場は、TAXIの表示とベンチを目印に。そのほかケアンズ・セントラル入口前(MAP/P116-A2)やエスプラネード(MAP/P117-C1)にもタクシー乗り場はある。その場にタクシーが待機していなくても、数分待てばやってくる。またオーストラリアでは、UberやDiDiなどのライドシェアの利用が一般的。乗車前に料金を把握でき、タクシーより安価な料金設定の場合が多い。事前にアプリをダウンロードしておこう。ポートダグラスへは、主要ホテルを循環する民営のバスを利用する。自身の滞在するホテルにバスが送迎に来るかどうか予約時に確認を。

レイク・ストリートを走るトランスリンク

主な交通機関

● トランスリンク(TransLink)

青色の車体に、サングラスをかけた太陽のイラストがトレードマークの路線バス。パームコーブへはルート110に乗り、クリフトン・ビーチ経由で行く。途中の観光スポットで下車したい人は乗車時に1日券を購入しよう。ただし、車内で購入するときは、A$50やA$100などの高額紙幣を使うのは控えよう。ケアンズ市内は渋滞することはほとんどないので、バス停へはほぼ時刻表どおりに到着する。定刻より早く到着することもあるので、バス停には余裕をもって出かけたい。土・日曜、祝日は運行時間が変わるので注意。P38〜39、42も参照。

☎(07)4057-7411
🔗 https://www.wearekinetic.com/au/cairns
🔗 https://translink.com.au/
🕐 平日は7時4分〜23時29分。30分ごとに運行 (土曜は7時45分〜翌4時40分、日曜は7時45分〜23時45分。1時間ごとに運行) 🈳 なし
💰 パームコーブまで大人A$4.80、5〜14歳A$2.40 1日券A$9.60

● 民営バス

主要ホテルを循環しながら乗客をピックアップし、目的地へと送り届けてくれる便利な民営バス。予約の際に、乗車希望時刻や帰路のバスの希望時刻、ホテル名、氏名、乗車人数を伝え、バス料金は運転手に支払う。ただし、ホテルのツアーデスクで予約する場合は、その場で支払う。当日は予約した時刻の10分前にはホテルの正面玄関へ。その他乗客のリクエストで、ハートリーズ・アドベンチャーズ(→P35)などに立ち寄るバスもあるので要チェックだ。料金はバス会社によって異なる。

※路線バス車内での飲食・禁煙は禁止

ビーチでのんびりリゾート
パームコーブ
MAP P118
Palm Cove

ケアンズから路線バスで約1時間。パームコーブは時間を気にせずのんびり過ごしたいビーチリゾート。近年はトリートメントが受けられるスパも相次いでオープンし、女性を中心に癒しのスポットとして人気上昇中。

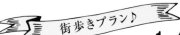
街歩きプラン♪

日帰りコース

ケアンズ
↓ バスで約1時間
パームコーブ・ショッピング・ビレッジで買物
↓ 徒歩1分
カフェでひと休み
↓ 徒歩5分
スパでリラックス
↓ バスで約1時間
ケアンズ

1泊2日コース

ケアンズ
↓ 車で30分
ホテルにチェックイン後、アクティビティ
↓ 車で10分
ホテルでスパ体験
↓ ホテルにステイ
ホテルで遅めの朝食、チェックアウト
↓ 徒歩5分
ウィリアム・エスプラネードを散策
↓ 徒歩5分
海沿いのレストランでランチ
↓ 徒歩5分
パームコーブ・ショッピング・ビレッジで買物
↓ 車で30分
ケアンズ

Best of Best

(遊)びたい
毒クラゲの発生しない遊泳シーズン（6〜10月）は海を楽しむマリン・スポーツがおすすめ。

(泊)まりたい
ゆったりとしたスペースの客室と個性的なプールを備えたリゾート・ホテルが多い。

(癒)されたい
スパでは、日本にはないメニューにトライ。ツルツルの極上肌をゲットしよう！

(歩)き方アドバイス

メイン・ストリートは、ヤシの木やユーカリの大木が立ち並ぶ**ウィリアム・エスプラネード**。海岸沿いのこの道を散策したり、オープン・エアのカフェでお茶をしたり、人気のスパで癒されたりと、日帰りでもたっぷり楽しめる。

🅘観光案内所
パームコーブ・ツーリスト・インフォメーション
Palm Cove Tourist Information　MAP P118-B1

ウィリアム・エスプラネード沿いの🅗パラダイス・オン・ザ・ビーチ1階にあるツアーデスク。パームコーブ発のツアーやレンタカーなどの申し込みを受け付けるほか、パームコーブの情報案内をしてくれる。
🚗ケアンズから車で30分　📍119-121 Williams Esplanade
☎(07)4281-6867　🕐8〜16時　㊡なし

🍴要予約　👔ドレスコード　📋日本語メニュー　🧑日本語スタッフ　🍷ライセンスあり　🍾B.Y.O.可

買う | MAP P118-B1

バームコーブ・ショッピング・ビレッジ
Palm Cove Shopping Village

カフェやショップが集まる

レストランやカフェ、ファッションなどの店が集まったコンプレックス。コンビニ感覚で使える小さなスーパーもあるので、滞在中は飲み物やスナックをここで調達しよう。**DATA** ⊗観光案内所から徒歩1分　⊕115 Williams Esplanade　☎店により異なる　⊛店により異なる　⊛店により異なる

買う | MAP P118-B2

ビーチ・キャットウォーク
Beech Catwalk

サーファーズ・ブランドはここで

インターナショナル・サーファーズ・ブランドが揃う。数あるアイテムの中でも、特にTシャツや水着が充実。**DATA** ⊗バームコーブ・ショッピング・ビレッジ(→P61)から徒歩4分　⊕Cnr Veivers Rd & Williams Esplanade　☎(07)4055-3308　⊛9時30分～16時　⊛日曜・祝日

買う | MAP P118-B2

ヌミ・アイスクリーマリー
Numi Icecreamary

名店のコーヒーで休憩

メルボルンで45年以上の歴史をもつグリンダーズ社のフレッシュ・ローストのコーヒーが味わえるカフェ。スイス発モーベンピックのアイスクリームも多彩。**DATA** ⊗バームコーブ・ショッピング・ビレッジ(→P61)から徒歩7分　⊕Shop 88/47 Williams Esplanade　☎(07)4059-2600　⊛10～22時　⊛なし

食べる | MAP P118-B2

ヴィーボ
Vivo

1日4回メニューが替わる

ビーチに面した大きな窓が印象的。モダンイタリア料理の店だが、午後にはタパスA$9～も味わえる。バス・朝・昼・夜と1日に4回メニューが替わる。**DATA** ⊗バームコーブ・ショッピング・ビレッジ(→P61)から徒歩3分　⊕49 Willams Esplanade　☎(07)4059-0944　⊛12～21時　⊛なし

食べる | MAP P118-B2

ヌーヌー
Nu Nu

数々の賞を受賞する実力派

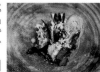

世界各国の味を融合させた個性あふれる料理を提供してくれる。素材へのこだわりからメニューは日替り。シェアで食べられる盛り付けなのでいろいろ試したい。**DATA** ⊗バームコーブ・ショッピング・ビレッジ(→P61)から徒歩4分　⊕アラマンダ・パームコーブ・バイ・ランスモア(→P62)内　☎(07)4059-1880　⊛7～11時、12～15時、17時～深夜　⊛なし

ホテル｜ MAP P118-B2

アラマンダ・パームコーブ・バイ・ランスモア
Alamanda Palm Cove By Lancemore

至極のスパ・リゾートで心も体も癒されたい

オーストラリアでも屈指のレベルを誇るスパが自慢のリゾート。アコモデーションはキッチンとリビングを備えたアパートメント・タイプ。部屋の種類は1〜3ベッドルームの3種類。全室スイートで、3ベッドルームなら、大人数でもゆったりと過ごせる。人気のスパはオープン・エアで潮風を感じながらトリートメントを受けられる「スパ・パビリオン」があることでも有名だ。フルーツや植物などを配合し毎日作られるスクラブは、スベスベの肌を作り出すスグレモノ。バリの伝統的なテクニックを使ったマッサージも快適。スパの予約は滞在の1週間前には済ませておこう。リゾート内にはウエディング・チャペルも。全館Wi-Fi接続無料。

プールは全部で3カ所

ビーチを望む広々としたゲストルーム

1〜4ベッドルームの客室がある

キッチン付きのリビングは充分な広さ

DATA ⊗パームコーブ・ショッピング・ビレッジ（→P61）から徒歩5分 ⊕1 Veivers Rd. ☎(07)4055-3000 ⊛時期により変動あり、詳細はHPで確認を 69室 ⌨www.lancemore.com.au/alamanda

━━━━━━━━━━━━

ホテル｜ MAP P118-A2

プルマン・パームコーブ・シー・テンプル・リゾート&スパ
Pullman Palm Cove Sea Temple Resort & Spa

アジアの香りを感じるスタイリッシュなリゾート

バリ島のヴィラを思わせるアジアン・スタイルのリゾート。部屋はキッチンとリビングを備えたアパートメント・タイプが主。モダンなキッチンには各種調理器具も充実しており、ファミリーでも不自由なく過ごせそう。アースカラーを基調にした部屋も落ち着ける。プール中央に設けられたプールカフェやプールサイドにあるメインダイニングでの食事は、地元オージーにも好評なアジアンテイストを活かしたモダンオーストラリア料理。Wi-Fi接続は全館無料。

アジア風の室内

プールを囲むようにホテルが立つ

DATA ⊗パームコーブ・ショッピング・ビレッジ（→P61）から徒歩10分 ⊕5 Triton St. ☎(07)4059-9600 ⊛時期により変動あり、詳細はHPで確認を 62室 ⌨www.pullmanpalmcove.com.au

こちらもCHECK!

おすすめの施設

アラマンダ・グレートバリアリーフ・チャペル
Alamanda Great Barrier Reef Chapel

ビーチを望む絶好のロケーションに立つ白亜のチャペル。南国ムードたっぷりで、祭壇の向こうはグレートバリアリーフという感動的な眺望が自慢。優雅なリゾート・ウエディングの後は、敷地内でパーティーもできる。日本人スタッフが対応してくれるので安心だ。

パームツリーに覆われ南国ムード満点

ヴィー・スパ
Vie Spa

10種類以上あるマッサージ・テクニックは、デトックスやリフティングに効果的。ピカピカの肌に生まれ変わると好評だ。つま先から頭までリラックスできるIKOU RITUALS EARTH &OCEAN A$350／120分がおすすめ。日曜は15%の追加料金がかかる。電話かメールで要予約。⊛9〜17時 ⊛なし

プロダクトはIKOUを使用

🗾日本語スタッフ 🍴レストラン SHOPショップ プール フィットネスジム エステ ビジネスセンター

イマジン・ドリフト パームコーブ
Imagine Drift Palm Cove

豊かな緑に囲まれたプールで優雅なリゾート体験

ウィリアム・エスプラネードの南端に位置するリゾート。客室はストゥーディオと1～3ベッドルームのアパートメントがあり、どちらのタイプも清潔感あふれる内装だ。リゾート中央にあるプールサイドには木々が生い茂り、まるでトロピカルな楽園にいるよう。ソファーデッキで昼寝をしたり、パームコーブ桟橋まで散歩したり、カヤックを楽しんでも。建物1階の道路沿いには、カフェやレストラン、ショップなどのほか、アボリジナル・アートも紹介。客室、ロビー共にWi-Fi接続無料。

明るく清潔感あふれるベッドルーム

ビーチの真ん前というロケーション

DATA ⊗パームコーブ・ショッピング・ビレッジ（→P61）から徒歩4分　⊕Cnr. Williams Esplanade & Veivers Rd.　☎(07)4055-3999　⊕時期により変動あり、詳細はHPで確認を　53室　🌐www.imaginehotelsresorts.com

プールサイドには木々が生い茂る

ペッパーズ・ビーチ・クラブ&スパ
Peppers Beach Club & Spa Palm Cove

目に眩しい白亜のホテルでラグジュアリー・ステイを

真っ白な外観が印象的なホテル。大きなユーカリの木とロールスロイスが目印だ。建物は、白砂が敷かれたラグーン・プールを取り囲むように立ち、プールに注ぐ水の涼しげな音があたりの景観と見事に調和している。スパルームから、キッチンやプライベート・プールが付いたスイートまで部屋の種類も多彩。Wi-Fi接続は500MBまで無料、A$6／30分。

リゾート前には4軒のレストランが並んでいる

プールバーでリゾート気分を満喫しよう

DATA ⊗パームコーブ・ショッピング・ビレッジ（→P61）から徒歩2分　⊕123 Williams Esplanade　☎(07)4059-9200　⊕スパスイートA$315～、1ベッドルーム・スイートA$415～、2ベッドルーム・スイートA$615～　78室　🌐www.peppers.com.au/beach-club-spa

---

リーフ・ハウス・パームコーブ
The Reef House Palm Cove

贅沢にリラックスできる大人のトロピカルリゾート

ビーチフロントに位置する大人専用の隠れ家。宿泊客専用のプール、デイスパ、レストランなどを備える。ヨガ、水中エアロビクス、ストレッチ、ワインテイスティングなど、リラックスするためのさまざまなプログラムが用意されており、これらはすべて無料。夕食は星空の下で海を眺めながら、地元食材を中心に使用した絶品料理とワインを楽しめる。全館で無料のWi-Fiが利用可。宿泊は16歳以上。

アットホームなもてなしに定評がある

DATA ⊗パームコーブ・ショッピング・ビレッジ（→P61）から徒歩2分　⊕99 Williams Esplanade　☎(07)4080-2600　⊕ブリガディアルームA$748～、ベランダルームA$824～、ビーチフロントルームA$891～　61室　🌐www.reefhouse.com.au

テラス、客室ともに広々

プチ情報　パームコーブのグルメ＆ショッピングスポットは、ほとんどが海岸沿いのウィリアム・エスプラネードに集中している。特にホテルのレストランは、クオリティが高いことで知られている。

洗練されたビーチリゾート

ポートダグラス

MAP P119
Port Douglas

ケアンズの北約70kmに位置するポートダグラスは、オーストラリア国内はもとより、世界中から観光客が集まる有名ビーチリゾート。洗練された高級リゾートと華やかなショッピングタウンが人気のバカンススポットだ。

街歩きプラン♪

日帰りコース

ケアンズ
↓ 車で1時間
フォー・マイル・ビーチを散歩
↓ 徒歩1時間
マクロッサン通りのカフェでひと休み
↓ 徒歩5分
マクロッサン通りで買物
↓ 徒歩1時間
マクロッサン通りでランチ
↓ 車で1時間
ケアンズ

1泊2日コース

ケアンズ
↓ 車で1時間
ホテルにチェックイン後、アクティビティ
↓ 車で10分
ホテルでスイミングやスパ
↓ 車で5分
マクロッサン通りでディナー
↓ ホテルにステイ
ホテルで遅めの朝食、チェックアウト
↓ 徒歩10分
マクロッサン通りで買物
↓ 徒歩1時間
マクロッサン通りでランチ
↓ 車で1時間
ケアンズ

Best of Best

遊びたい
マリン・スポーツやゴルフもいいが、白砂が続くフォー・マイル・ビーチでの散策は癒される。

泊まりたい
ペッパーズ（→P66）やオークスリゾート（→P67）などのリゾート・ホテルでバカンスを。

買いたい
町の中心となるマクロッサン通りには、洗練されたショップが立ち並ぶ。

歩き方アドバイス

メイン・ストリートの**マクロッサン通り**には、ブティックやレストラン、カフェなどが並ぶ。小さな町なので早朝ケアンズを出発すれば、1日で観光できる。日本語での1日ツアーはポートダグラス・コネクションズ☎(07)4051-9167 http://www.portdouglas-c.com/が催行している。

ポートダグラスの観光情報は、政府公認サイトURL https://visitportdouglasdaintree.com/などで確認しよう。

🔖 要予約　📷 ドレスコード　📖 日本語メニュー　👤 日本語スタッフ　🍷 ライセンスあり　🍶 B.Y.O可

📷 見る | MAP P119-A1

アンザック公園
Anzac Park

海辺の美しい公園

街の北側の静かな公園。公園の一角には、結婚式にも人気のセント・メアリーズ・バイ・ザ・シー教会が立つ。毎週日曜日にはマーケットが開催されている。

DATA ⊗ポート・ビレッジ・ショッピングセンターから徒歩2分

🎁 買う | MAP P119-A1

ポートベラ
Portobella

リゾートを彩るおしゃれグッズ

赤と茶を基調にしたインテリア小物やリゾートウエア、アクセサリーなど世界中から集めたグッズが揃う。ネックレスA\$20〜とリーズナブルにリゾート気分を演出。**DATA** ⊗ポート・ビレッジ・ショッピングセンターから徒歩3分 ⊕36 Macrossan St. ☎(07)4099-4489 ⊙9時30分〜17時30分（日曜は10〜18時）㉔なし

🍴 食べる | MAP P119-A1

ノーティラス
Nautilus

トロピカル・ガーデンで夕食

全席オープンエアのモダンオーストラリア料理の名店。料理はコースA\$140〜（ドリンク付きA\$180〜）のみで、優雅なディナーを楽しめる。12歳未満は入店不可。**DATA** ⊗ポート・ビレッジ・ショッピングセンターから徒歩すぐ ⊕14 Macrossan St. ☎(07)4099-5330 ⊙17時30分〜20時30分 ㉔日・月曜

フォー・マイル・ビーチ

マクロッサン通りを東に進むと、ケアンズ周辺で最も長く、美しいといわれるフォー・マイル・ビーチ（4マイル＝約6km）がある。太平洋側に大きく湾曲した白砂のビーチは、特にトリニティベイ展望台（→P35）からの眺めが息をのむほどすばらしい。ここでは遊泳区域内でのみ泳ぐこともできるが、外洋に面し波が高めなので注意。（MAP P119-A2）

ぜひ展望台から眺めてみよう！

©123RF

ホテル | MAP P119-A1

ペッパーズ・ビーチ・クラブ
Peppers Beach Club Port Douglas

地中海のリゾートを思わせる
エレガントなホテル

ポートダグラスに数ある宿泊施設の中でも、抜群の立地を誇るリゾート。フォー・マイル・ビーチまでわずか50m、ブティックやレストランが並ぶマクロッサン通りも徒歩圏内なので、ビーチでアクティブに遊びたい人にも、ショッピングとグルメを楽しみたい人にも、満足できるロケーションだ。部屋はバルコニーにジャクジー付きのバスタブが付くスパ・スイート、または1～3ベッドルームのスイートから選べる。一部のスイートは専用のスイムアップ・プールデッキ付き。長さ50m、幅30mの白砂が敷き詰められたプールで、リゾートライフを楽しめる。「ココ・プールサイド・バー・アンド・キッチン」の地元食材を使った料理も好評だ。

DATA ⊗ポート・ビレッジ・ショッピングセンターから徒歩10分 🏠20-22 Davidson St. ☎(07)4087-1000 💰スパ・スイートA$265～、1ベッドルーム・スイートA$409～、1ベッドルーム・ラグーン・デラックススイートA$509～ 143室 🌐www.peppers.com.au/beach-club

すべての部屋がプールに面した造り

モダンで落ち着いた雰囲気のベッドルーム

朝食はアラカルト形式なので好きなものを選ぼう

ジャクジー付きのスパでリラックス

ホテル | MAP P119-A2

シェラトン・グランド・ミラージュ・
リゾート・ポートダグラス
Sheraton Grand Mirage Resort, Port Douglas

幅広い施設を備えた
ポートダグラス有数のリゾート

グレートバリアリーフとデインツリーの森の間にあるフォー・マイル・ビーチ沿いに位置する、ポートダグラスを代表する高級リゾート。シンボルはビーチエリアもある広大なラグーンプールで、リゾート気分を満喫できる。147ヘクタールの敷地には、心地よいトロピカルガーデン、18ホールのゴルフコース、テニスコート、7軒のレストラン&バーなど、充実した施設が備わる。英国伝統のハイティー(15～17時)も人気だ。全エリアで無料Wi-Fiの接続可能。

海から水をくみ上げた広大なラグーンスタイルのプール。プールサイドにはバーもあり、ヤシの木の下でリラックスできる

DATA ⊗ポート・ビレッジ・ショッピングセンターから車で5分 🏠168-190 Port Douglas Rd. ☎(07)4099-5888 💰時期により変動あり、詳細はHP等で確認を 294室、ヴィラ55室 🌐www.sheratonportdouglas.com

木々に囲まれ、フォー・マイル・ビーチに面した自然豊かな環境

🏠 日本語スタッフ 🏨 レストラン 🛍 ショップ 🏊 プール 💪 フィットネスジム 🌸 エステ 📋 ビジネスセンター

ホテル　MAP P119-B4

プルマン・ポートダグラス・シー・テンプル・リゾート&スパ
Pullman Port Douglas Sea Temple Resort & Spa

スイムアウト・ルームに泊まり部屋からプールへダイブ！

アパートメント・タイプの大型リゾート。ロビーを抜けるとプールと真っ青な空が目に飛び込んでくる。直接プールに出られるスイムアウト・ルームはリゾートの自慢のひとつだ。8室あるスパルームは、人間工学に基づいたデザイン。

アパートメント・タイプがメインのゲストルーム

ジャクジーやスイムウォークを

DATA ⊗ポート・ビレッジ・ショッピングセンターから車で7分 ⊕Mitre St. ☎(07)4084-3500 ⊕1ベッドルームプランジプールアパートメントA$388〜、2ベッドルームアパートメントA$483〜 112室 ⊞www.pullmanportdouglas.com.au

ホテル　MAP P119-A3

オークス・リゾート・ポートダグラス
Oaks Resort Port Douglas

風通しのいい共有エリアでのんびりリゾート

南国情緒たっぷりの心地よいリゾートホテル。部屋はホテルルームのほか、1〜2ベッドルームのアパートメントタイプを備える。スイムアップバーを備えたラグーンスタイルのプールでくつろいだり、敷地内のスパのマッサージでリラックスしたり、特別な時間を過ごせる。

客室にはプライベートバルコニーが付いている

プールバーでトロピカル・カクテルを

DATA ⊗ポート・ビレッジ・ショッピングセンターから車で5分 ⊕87-109 Port Douglas Rd. ☎(07)4099-8900 ⊕ガーデンビューA$160〜 166室 ⊞www.oakshotels.com/en/oaks-resort-port-douglas

ホテル　MAP P119-A4

ラマダ・リゾート
Ramada Resort

森林浴を楽しみたいナチュラル派リゾート

熱帯雨林の植物に囲まれたナチュラルな雰囲気のリゾート。シダやユーカリなど数百種の植物が自生し、プールサイドやゲストルームからの景色はビーチのすぐ脇にありながら森の中のリゾートといった趣。吹き抜けのレセプションやロビー・バーはモダンなインテリアで統一。さまざまなアクティビティが体験できる。

敷地内には熱帯雨林の雰囲気があふれている

ナチュラルな内装のデラックスルーム

DATA ⊗ポート・ビレッジ・ショッピングセンターから車で5分 ⊕316 Port Douglas Rd. ☎(07)4030-4307 ⊕ホテルルームA$169〜、1ベッドルームアパートメントA$249〜 41室 ⊞https://ramadaportdouglas.com.au/

ホテル　MAP P119-A4

ニラマヤ・ヴィラ&スパ
Niramaya Villas & Spa

独立したパビリオンで贅沢な時間を満喫しよう

15haの緑豊かな庭園に囲まれた高級ヴィラ。中央には湖があり、囲むようにパビリオンが点在する。ゲストルームはすべて独立したパビリオンで、プライバシーを重視した造り。1〜5ベッドルームのヴィラなど、さまざまな部屋タイプが選べる。上品なインテリアでまとめられており、どの棟にもリビング、キッチン、専用バスルーム、プライベート・プールが備わる。

レストランの向こうにメインプールを臨む

広々としてラグジュアリーなベッドルーム

DATA ⊗ポート・ビレッジ・ショッピングセンターから車で6分 ⊕1 Bale Drive ☎(07)4099-1855 ⊕1ベッドルーム A$1083〜、2ベッドルーム A$1178〜 35室 ⊞www.niramaya.com.au

ホテル　MAP P119-A1

マントラ・ヘリテイジ
Mantra Heritage

最高のロケーション

中庭のラグーン・プールが特徴で、特に客室から直接プールに出られるデッキルームが人気。プライベートジャグジー付きの客室もある。

DATA ⊗ポート・ビレッジ・ショッピングセンターから徒歩3分 ⊕16 Warner St. ☎(07)4084-2300 ⊕ホテルルームA$208〜、1ベッドルームスイートA$248〜 49室 ⊞www.mantraheritage.com.au

プチ情報　カラッとした気候で、長袖いらずの5〜10月くらいまでが、ポートダグラスのオンシーズン。この時期のホテル、レストラン、スパの予約は早めにしておこう。

海と森、2つの世界遺産が出あう場所

モスマン＆
デインツリー

MAP P114-A1～2
Mossman & Daintree

デインツリー川を境に南にモスマン、川に沿ってデインツリー国立公園とよばれるエリアが広がる。デインツリーからさらに北には、グレートバリアリーフと熱帯雨林の2つの世界遺産が交わるケープ・トリビュレーション（MAP/P114-A1）とよばれる地区が広がる。

📷 見る | MAP P114A2

モスマン渓谷
Mossman Gorge

原生林と清流に恵まれた渓谷

太古の原生林に包まれた渓谷。渓谷内にある500mと3.4kmの散策ルートに沿って観光しよう。渓谷の入口にはこの地を治めるクク・ヤランジー族のアート・ギャラリーなどが入った「モスマンゴージセンター」（🕗8～18時 休なし）もある。

DATA ⊗ケアンズ市内から車で1時間30分

📷 見る | MAP P114-A1

ブルース・ベルチャーズ・デインツリー・リバー・クルーズ
Bruce Belcher's Daintree River Cruises

動植物を探すクルーズツアー

長年の経験を持つオーナーが案内するリバー・クルーズ。デインツリー川に生息する野生のワニや珍しい動物たちが見られる。

DATA ⊗ケアンズ市内から車で約2時間 ⊕2856 Daintree Rd., Daintree ☎0459-241-899 ⊕1時間クルーズ出航は9時30分、11時、12時、13時30分、14時30分（要予約で8時15分、20時15分も） 休なし 料1時間クルーズは大人A$35（4～14歳A$16）

📷 見る | MAP P114-A1

デインツリー・ディスカバリー・センター
Daintree Discovery Centre

デインツリーの生態系を学ぶ

敷地内に設置された遊歩道や木造の塔から、デインツリーの生態系を観測する施設。運がよければカソワリーなどの野生動物に出あうことも。

DATA ⊗ケアンズ市内から車で2時間30分 ⊕P.M.B.28 Mossman ☎(07)4098-9171 ⊕8時30分～17時 休なし 料大人A$39（5～17歳A$19）※日本語オーディオガイド代含む

🏨 泊まる | MAP P114-A1

シルキー・オークス・ロッジ
Silky Oaks Lodge

マイナスイオンに包まれたリゾートロッジで癒やされる

モスマン川と熱帯雨林との調和を考えデザインされた隠れ家風リゾート。客室はすべて独立したロッジで、部屋は6タイプ。いずれの部屋にもジェットバスを備えたバスタブがある。ソダシ製品を使用した人気スパは、早めに予約したほうがよい。ケープ・トリビュレーションまで足をのばすツアーなど、リゾート主催の各種ツアーも多彩。

DATA ⊗ケアンズ空港から車で1時間 ⊕Finlayvale Rd., Mossman ☎(07)4098-1666 料熱帯雨林リトリートルームA$1150～、ビラボーンスイートA$1650～、デインツリーパビリオンA$1800～ 40室 🌐www.silkyoakslodge.com.au

客室はすべてロッジスタイル
熱帯雨林に囲まれた大人の空間

🏨 泊まる | MAP P114-A1

デインツリー・エコ・ロッジ
Daintree Eco Lodge

スパが自慢のエコロッジ

静かな森の中に立つ高床式のロッジ。各国の雑誌で評価されているスパ目的で滞在する人も多い。

DATA ⊗ケアンズ市内から車で1時間30分 ⊕3189 Mossman-Daintree Rd., Daintree ☎(07)4098-6100 料ヴィラA$600～ 15室 🌐www.daintree-ecolodge.com.au

---

Area 2

グレートバリアリーフ

Great Barrier Reef

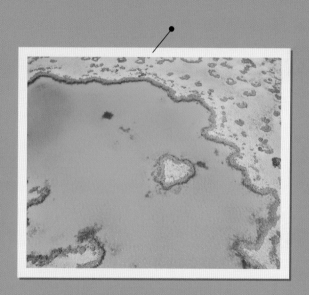

世界遺産の海上に浮かぶ美しい楽園リゾート！

贅沢リゾートステイするもよし、

海でアクティブに遊ぶもよし♡

紺碧の海と美しいサンゴ礁が連なる楽園

グレートバリアリーフ エリアNAVI

世界最大級のサンゴ礁群、グレートバリアリーフ。
世界遺産の海上に浮かぶ美しい楽園リゾートで、
究極のバカンスを楽しもう。

やりたいことBEST3

① どこの島にステイ?

G.B.R.に点在する大小約900の島のうち、アイランド・リゾートとして開発されているのは20島ほど。1つの島に1つのリゾートが基本なので、特徴を把握して自分に合った場所を選ぼう。

② How to アクセス?

主な起点となるのはケアンズ(→P11)で、飛行機か船を利用する。北部エリアはケアンズから日帰りも可能。ウィットサンデー諸島へは、玄関口となるハミルトン島から行くのが一般的。

③ 何ができるの?

スノーケリングやダイビングをはじめ、パラセイリング、水上遊覧など、多彩なアクティビティが最大の楽しみ。そして何より、心身ともにリラックスできるリゾートでの滞在も魅力だ。

グレートバリアリーフ (G.B.R.)とは?

G.B.R.とは、オーストラリア北東部の沖合、約2300kmにわたるサンゴ礁群。ケアンズ近郊の北部エリア、ハミルトン島を中心としたウィットサンデー諸島、さらに南のサザン・リーフ諸島の大きく3つに分けられる。

```
                  リッチ
                   │
                   │
  ★           │     ★
ハミルトン島   │  リザード島
ファミリー向け ─┼─ カップル向け
  ★           │     ★
フランクランド  │  フィッツロイ島
諸島           │
                   │
               リーズナブル
```

Point 1

どこの島にステイ?

→P76 *Hamilton Island*

⓫ ハミルトン島
MAP P113-A1

グルメやショッピング、宿泊施設が充実したG.B.R.を代表する観光地。ウィットサンデー諸島の起点となる島で、周辺の島々へはここから船で行く。

CHECK!
- ●ハート・リーフ、ホワイト・ヘブン・ビーチへ遊覧飛行(→P80)
- ●マリン・スポーツ(→P80)
- ●ビーチ・クラブ(→P81)

Access>>>→P76

グレートバリアリーフ最大の島

島内を回るバギーツアーも人気

水上飛行機から見たハミルトン島の全景

5つ星リゾートの「クオリア」

ホテル「ビーチ・クラブ」の海沿いのプール

➡️P88 *Lizard Island*

❺ リザード島 MAP P112-A1

G.B.R 最北端に位置し、近海には数多くのダイビングやスノーケリングスポットがある。携帯は圏外なので静かに過ごしたい人にぴったり。
Access>>>→P88

ダイバー憧れの大人のリゾート

🚩 ケアンズから日帰りで行ける島

❷ ミコマス・ケイ

Michaelmas Cay ➡️P82 MAP P114-B2
カタマラン船に乗ってリーフの海へ

「ケイ」はサンゴ礁のラグーン内にある砂州や小島のこと。ケアンズからのツアーで訪れる場所で、スノーケルなどのマリンアクティビティが楽しめる。
Access>>>→P82

❸ フランクランド諸島 ➡️P84 MAP P114-B3

専門ガイドと一緒に無人島を探検

フランクランド諸島はケアンズの沖合約45kmに浮かぶ6つの島々のこと。島内を散策したり、ビーチでスノーケリングするのも人気。
Access>>>→P84

ケアンズから近く手頃なリゾート

➡️P86 *Fitzroy Island*

❹ フィッツロイ島 MAP P114-B2

熱帯雨林に覆われた島で、比較的手ごろなリゾートとして滞在する人が増えている。ケアンズからのデイ・トリップ先としても人気。スノーケルやパドルボードなど海をたっぷりと楽しみたい。

CHECK! ●マリン・スポーツ(→P86)
●リゾート・ステイ(→P87)
Access>>>→P86

ハガーストーン島 P90
Starcke National Park
❺ リザード島 Lizard Is. P88
コッド・ホール Cod Hole
クックタウン
▲Mt.Finnigan 1148
Lakeland Downs

南太平洋 South Pacific Ocean

❷ ミコマス・ケイ Michaelmas Cay P82
(トロピカル諸島)

モスマン ➡️P13 へ
ノーマン・リーフ サクソン・リーフ グリーン島 Green Is. P30
ポートダグラス P64
ケアンズ空港
Flora Reef
❹ フィッツロイ島 Fitzroy Is. P86
ケアンズ Cairns P14
❸ フランクランド諸島 P84
イニスフェイル

Kennedy Hwy.
Ravenshoe
Mount Garnet
カードウェル
インガム
Greenvale

ミッション・ビーチ Mission Beach
ダンク島
ベダラ島
ヒンチンブルック島
オーフィアス島 P90
パーム島

Great Barrier Reef グレートバリアリーフ

マグネティック島
タウンズヴィル P90 Townsville Mt.Elliot ▲1234m
Woodstock エアー ヨンガラレック
Bruce Hwy.

プリンダース・ハイウェイ
チャーターズ・タワーズ
Flinders Hwy. 78
Pentland Dalrymple Lake
Torrens Creek
プロサーパイン プロサーパイン空港 Collinsville
クイーンズランド州 QUEENSLAND
シュート・ハーバー Shute Harbour P90
Mount Coolon
Glenden

Mt.Abbot ▲1056m
ボーウェン
ウィットサンデー島

エアリー・ビーチ (ポート・オブ・エアリー) Airlie Beach (Port of Airlie) P90
ヘイマン島
ハート・リーフ Heart Reef P80
フック島
デイドリーム島 サウス・モール島
❶ ハミルトン島 Hamilton Is. P76
リンデマン島
ブランプトン島
ホワイト・ヘブン・ビーチ White Heaven Beach P80
マッカイ
サリナ
Pompey Complex
(ウィットサンデー諸島)
グレートバリアリーフ・マリン・パーク Great Barrier Reef Marine Park

Lake Buchanan
Lake Galilee
Moranbah
ピーク・ダウンズ・ハイウェイ Peak Downs Hwy.
グレゴリー・ハイウェイ Gregory Hwy.
Dysart
Clermont
Capella
Anakie
Emerald
Jericho
Bongantungan
Alpha
66
71

Cape Palmerston National Park
マールボロ
Byfield National Park
ヤプーン グレート・ケッペル島
ロックハンプトン
Mount Morgan
1
Blackwater
Blackdown Tableland National Park
17

Bruce Hwy.
Swain Reefs

グラッドストーン
Gladstone
ヘロン島
レディ・エリオット島 P90
ハーヴィー・ベイ P90 フレーザー島へ

N 100km

Point 2 How to アクセス?
グレートバリアリーフへの行き方

グレートバリアリーフへの北の玄関口となるケアンズ。
グリーン島やフィッツロイ島へはケアンズから船でアクセス可能だ。
G.B.R.観光の中心となるウィットサンデー諸島へは、
エアリー・ビーチやシュート・ハーバーから船を利用しよう。

ケアンズから行く

ケアンズ *Cairns* ➡P11

飛行機 ✈
リザード島へはケアンズのジェネラル・アビエーション・ターミナ
ル（MAP P115-A1）から小型飛行機で1時間。1日2便運航。
🚗ジェネラル・アビエーション・ターミナルまでは市内から車で
15分 ※30分前までにチェックイン

船 🚢
グリーン島、フィッツロイ島へは
リーフ・フリート・ターミナル（MAP P117-D3）からフェリーが運航。
🚗リーフ・フリート・ターミナルまではケアンズシティBSから徒歩
10分 ※30分前までにチェックイン

その他の起点から

タウンズヴィル *Townsville* ➡P90

ヘリコプター
オーフィアス島へはタウンズヴィル空港から
ヘリコプターで30分。

エアリー・ビーチ（ポート・オブ・エアリー）
Airlie Beach (Port of Airlie) ➡P90

船 🚢
ハミルトン島へのフェリーが運航。

シュート・ハーバー *Shute Harbour* ➡P90

船 🚢
ハミルトン島へのフェリーが運航。

ハーヴィー・ベイ *Hervey Bay* ➡P90

飛行機 ✈
レディ・エリオット島へはハーヴィー・ベイ空港から
小型飛行機で40分。

※便によって所要時間が異なる場合があります。
ご利用の際は事前にご確認ください

1.ビーチ沿いのリゾートホ
テルでのんびり朝食タイム
2.楽園気分を満喫できる
3.グレートバリアリーフ中
央部 4.約6kmにわたり
白い砂浜が続くホワイト・
ヘヴン・ビーチへはハミル
トン島からツアーが出ている

●主なアクセス

凡例
飛行機・
ヘリコプター ・・・・・・・・
船 ───

ケアンズ
60分 → リザード島 P88
50分 → ミコマスケイ P82（ツアーのみ）
50分 → グリーン島 P30
75分 → フィッツロイ島 P86
フランクランド諸島 P84

30分 → オーフィアス島 P90
タウンズヴィル

エアリー・ビーチ
シュート・ハーバー
55分 → ハミルトン島 P76
35分

ロズリン・ベイ
ロックハンプトン
グラッドストーン

バンダバーグ
30分 → レディ・エリオット島 P90
40分
ハーヴィー・ベイ

Point 3 | 何ができるの?
グレートバリアリーフでの楽しみ方

洗練されたリゾート施設に多彩なアクティビティなど、
グレートバリアリーフには楽しみがいっぱい!
アイランドリゾートで最高のバカンスを過ごそう!

1.クオリアの
プール付きの
パビリオン
2.アクティビ
ティの拠点

1 ポントゥーンで マリン・アクティビティ

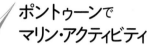

沖合に設置された固定型の浮き桟橋、ポン
トゥーン。ここを拠点にスノーケリングやダイビングなどが楽しめる。
海の透明度が高い沖合で、たくさんの熱帯魚に出合えるはず。

CHECK! ●ポントゥーン→P75

1.海上に設置されたポ
ントゥーン 2.透明度
抜群の海でスノーケリ
ング

2 ビーチで マリン・スポーツ

子どもも楽しめる
チューブ・ライド

CHECK!
●マリン・スポーツ
→P80

各リゾートには、水上ス
キーやシーカヤックなど、
沖に出なくてもビーチで
気軽に体験できるアクティ
ビティがいろいろ用意
されている。なかには無
料で遊べるものも。

4 ハート・リーフ 上空を遊覧飛行

1

コバルトブルーの海に浮かぶハート型のサン
ゴ礁、ハート・リーフ。島ではないため上
陸することはできないが、水上飛行機やヘ
リコプターで上空から眺めるツアーがある。

CHECK! ●遊覧飛行
→P80

1.幸せのシンボル、ハート・
リーフ 2.水上飛行機で上
空から眺めよう

3 リゾートホテルにステイ

2

3

1

ケアンズから日帰りで行ける島も
あるが、泊まってゆっくり過ごすの
がおすすめ。スパでリラックスし
たり、プールサイドで朝食をとった
り、憧れのリゾートステイを体感し
よう。

1.クオリア(→P81)でくつ
ろぐ 2.ビーチにヨットが
停泊 3.人気のスパ・ウー
メディリン(→P79)

CHECK!
●ハミルトン島→P76

ケアンズから日帰りでアウターリーフへ

各ツアー会社がケアンズ発のアウタ
ーリーフ・クルーズを催行している。
ノーマンリーフやモアリーフなど、ツ
アーによって行き先のリーフが異な
るので、事前に確認を。(→P74)

果てしなく広がる海の楽園へ
クルーズツアーで
アウターリーフへ行こう！

大物のトロピカルフィッシュに出あうには、
ケアンズの海岸線から離れ、沖合まで行く必要がある。
世界最大のサンゴ礁、色鮮やかな熱帯魚を思う存分満喫するために、
クルーズツアーで大海原へと出かけよう。

アウターリーフとは？

グレートバリアリーフの沖合に点在するサンゴ礁の総称。アウターリーフは海の透明度が高く、熱帯魚の種類も豊富なことから、世界中のダイバーの憧れの地となっている。アウターリーフへ行くには、ツアー会社が催行するクルーズツアーに参加するのが最も簡単な方法だ。ツアーは朝8時ごろ出発し、高速船で拠点となるポイントまで移動、沖合で5時間ほど過ごし、夕方16時以降に戻るものが多い。ランチはクルーズに含まれている。

出発地別 アウターリーフ・ツアー

出発	ツアー名	出発時間/所要時間	催行日／料金	内容	日本語乗務員	問合先
ケアンズ発	グレートバリアリーフ・アドベンチャー	10時30分発 約7時間	日〜金曜／A$274 (4〜14歳はA$149、3歳以下無料、ランチ付き。環境保護税込み)	ノーマンリーフまたはモアリーフに浮かぶポントゥーンに直行。グラス・ボトム・ボートや半潜水艦で水に濡れずに海中見学できる。スノーケリングならサンゴや熱帯魚がさらに間近に。	あり	グレート・アドベンチャーズ ☎1800-079-080
	サンラバー・リーフ・クルーズ	9時30分発 約8時間	毎日／A$265 (4〜15歳はA$155、3歳以下無料、ランチ付き)	モアリーフに浮かぶポントゥーンに停泊。スノーケリング、グラス・ボトム・ボート、半潜水艦などは料金に含まれる。顔が濡れないヘルメットダイビングも別料金で可能。	時々あり	サンラバー・リーフ・クルーズ ☎1800-810-512
	リーフマジック・クルーズ	9時発 約8時間	毎日／A$299 (4〜14歳はA$159、3歳以下無料、ランチ付き)	モアリーフに浮かぶポントゥーンに5時間滞在し、マリン・アクティビティ三昧。スノーケリング装備が料金に含まれ、海中世界を楽しめる。	なし	リーフマジック・クルーズ ☎1300-666-700/ (07)4031-1588
	ミコマスケイ・クルーズ (→P82)	8時30分発 約8時間30分	毎日／A$235 (4〜14歳はA$124、3歳以下無料、ランチ付き)	アウターリーフに浮かぶ小さな砂の島ミコマス・ケイへ豪華帆船で行く。ビーチをベースに遊べるので初心者でも安心。新鮮なシーフードが並ぶ豪華ランチも人気。	あり	オーシャン・スピリット・クルーズ ☎(07)4044-9944
	パッションオブパラダイスツアー	8時発 約9時間	毎日／A$240 (4〜14歳はA$150、3歳以下は無料、ランチ付き)	27カ所もあるクルーズスポットから、その日のキャプテンがベストポイントを選ぶ。サンゴの楽園で、スノーケリングやダイビング(別料金)を満喫。帆船のクルーズも魅力。	なし	パッションズ・パラダイス ☎(07)4041-1600
ケアンズ郊外発	クイックシルバー・アウターバリアリーフクルーズ	8時発 (ケアンズのホテルから送迎) 約10時間	毎日／A$298 (4〜14歳はA$156、3歳以下無料、ランチ付き。環境保護税込み)	ポートダグラスから出航し、最北端のエイジンコート・リーフへ高速船で向かう。透明度抜群の海でのアクティビティと設備が充実したポントゥーンが人気。	あり	クイックシルバー・コネクションズ ☎(07)4087-2100

※ツアー内容、データは変更になることがあります。詳しくは問合先で確認を。

プチ情報 G.B.R.の環境保護のため、G.B.R.を訪れる人にEMC（Environmental Management Charge）とよばれる環境保護税が課されている。料金はツアー催行会社や滞在期間によって異なる。

ポントゥーンとは？

各ツアー会社がリーフ上に設置した固定型の浮き桟橋。ポントゥーンまではツアー会社の船で行く。乗客は船からポントゥーンに移動し、ポントゥーンを拠点にさまざまなマリン・アクティビティに参加する。更衣室やシャワーなど、設備も充実。悪天候でもポントゥーン自体はほとんど揺れないので、船酔いの心配もない。
※このページで紹介するポントゥーンはクイックシルバー（→P74表）のもの

持ち物リスト

海に入るのなら水着、タオル、着替え、日焼け止めを持参しよう。クルーズ船でポイントまで移動する際に、船が激しく揺れることがあるので、船酔いが心配な人は、乗船前に酔い止めを飲んでおくこと。船の中はエアコンがきいているので羽織れる上着があると便利。ビーチサンダルや濡れてもいい履物で出かけよう。

ボートの発着場所

ポントゥーンの横にクルーズ船を横付けすると、船の出口とポントゥーンの入口がつながる。ポントゥーンに移動してからも船内へのアクセスは自由。出発時間までに帰りの準備を済ませ、船内に戻ろう。

水中展望室

ポントゥーンの底はガラス張りの水中展望室になっており、ガラス越しにサンゴ礁やトロピカルフィッシュを観賞できる。水に濡れることなく海中観察ができるので、泳ぎたくない人や小さい子供に最適だ。

更衣室＆ロッカー＆トイレ

ポントゥーン内に更衣室（男女兼用）、船内にトイレがあり自由に使用できる。貴重品は船内にあるロッカーまたは専門のスタッフが預かってくれる。ポストを備えたポントゥーンもある。

シャワー

簡易シャワー室が設置されている。使用後の水はそのまま海水に流す仕組みなので、環境保護のためにも、石けんやシャンプーなどは使用しないこと。水は使い過ぎず、体についた海水を流す程度にしよう。

食事＆売店

ランチタイムになると、キッチンカウンターにシーフードや肉類、サラダ、デザートなどがビュッフェ・スタイルで並ぶ。ソフトドリンクやビールは売店で購入。ペンやボトルホルダー、Tシャツなどグレートバリアリーフ・クルーズの記念になるグッズもある。

レンタル用品とアクティビティ

マスク（度付きあり）やフィン、ライフジャケットなどのスノーケリング用品は無料で貸出。クラゲ除けのライクラスーツも無料。水温が低いときに便利なウエットスーツはA\$16でレンタルできる。ヘルメットをつけて海中へ潜るオーシャンウォーカーなどのアクティビティは有料だ。

←オーシャンウォーカーはA\$194

↓準備体操をしてから海へ入ろう

→ランチの種類も豊富

→好きな物を選べるビュッフェ形式

→みやげTシャツはA\$32

←ギフトショップ

►充実のダイビング設備

↓フィンは各サイズが揃う

レンタル一覧

●ライクラスーツ…無料
●度付きマスク…無料
（数に制限あり）

G.B.R.最大のメガ・リゾート・アイランド
ハミルトン島

MAP P113-A1
Hamilton Island

オーストラリアのアイランド・リゾートでは、
最もバラエティに富んだ施設と
アクティビティ、アコモデーションを誇るハミルトン島。
グルメからショッピングにいたるあらゆるジャンルで、
希望の滞在スタイルを実現できる島だ。

1

1ホワイト・ヘブン・ビーチ(→P80)
の美しさは圧巻 2トロピカル・
カクテルでリゾート気分を
盛り上げよう 3ビーチは
ホテルのすぐ前 4コアラ
と一緒に記念撮影も！

ハミルトン・アイランド・リゾート

Hamilton Island Resort

リゾート情報

島内の施設の多くはハミルトン・アイランド・リゾートが
運営。無料の内線電話で各施設へ通話が可能だ。
☎(07)4946-9999(代表)
www.hamiltonisland.com.au/jp
日本語新規宿泊予約(02)9433-0460(シドニー)、
e-mail: asia.reservation@hamiltonisland.com.au

リゾート施設 🈂️🏨🛍️🏊‍♂️⛰️🤸‍♀️🏃‍♂️
🧺🎾💻🛁🔒🧊👶

無料アクティビティ モーターが付かない器具を利用したマ
リン・スポーツ(スノーケリング、シーカヤックほか)、ビーチ
バレー、ブッシュウォーキング、カタマランなど
有料アクティビティ ダイビング、水上スキー、パターゴルフ、
18Hゴルフなど60種類以上
※ 各種アクティビティやオプショナルツアーの予約、申込
みはリゾート内にあるツアーデスク☎(07)4946-8305へ

島へのアクセス

● 飛行機でのアクセス方法
日本からの直行便はない。シドニーやブリスベンな
どから、カンタス航空、ジェットスター航空、ヴァージ
ン・オーストラリア航空が運航。
● 船でのアクセス方法
エアリー・ビーチ(ポート・オブ・エアリー)から、クル
ーズ・ウィットサンデー社が1日9便フェリーを運航
㊟片道大人A\$61.90(4～14歳A\$51.90)　所要45～85分

島の歩き方アドバイス

主要施設がある島の北西部以外は、野生動物が生
息する森林地帯。P78～79で紹介するエリアは徒歩
でまわれるが、バギー(ゴルフ・カート24時間A\$119
～)を借りれば、広大でアップダウンの多い島内の
移動に便利だ。マリーナとリゾートホテルを結ぶ無
料の循環バス(ハミルトン・アイランド・シャトルバス)
や乗り合いタクシー(予約制)を利用しよう。空港か
ら宿泊施設へは、無料送迎バスが飛行機の発着に
合わせて運行している。

● 2泊3日のリゾートプラン

1日目

午前
島内を散策
バギーを借りて広い
島内を散策。観光ス
ポットやショップな
どを巡ろう。

午後
ビーチでカタマラン
キャッツアイ・ビーチで、
カタマランやカヤックなど
にトライしよう。海にはト
ロピカルフィッシュもいる。

2日目

午前
G.B.R.の醍醐味を知ろう
ハミルトン島を訪れた
ら、ハート・リーフと
ホワイト・ヘブン・ビー
チは必見。小型水上
飛行機で行くので早め
の予約が必要。

午後
サンセットツアーで
クルージング
夕暮れの帆船クルーズは、波も
穏やかでロマンチックな時間を
過ごせる。シャンパン片手に暮
れゆく夕日を楽しみたい。

🈂️ 日本語スタッフ　🍴 レストラン　🛍️ ショップ　🏊 プール　💪 フィットネスジム　💆 エステ　⛳ ゴルフコース
🧺 ランドリー　🎾 テニスコート　💻 インターネット　🛁 バスタブ　🔒 セーフティボックス　🧊 冷蔵庫　👶 キッズサービス

思いっきり遊びたい
マリン・スポーツ

ジェットスキー、カヤック、SUP、
ウィンドサーフィン、ダイビング、
カタマランなど、多彩なマリン・
アクティビティを体験できる。

多彩な種類が自慢
ランド・アクティビティ

ゴーカートをはじめ、
ミニゴルフや
新設された本格的な
18Hゴルフコースなど、
広大な敷地を使った
遊びを楽しもう。

ハミルトン島
Best of Best

目的や人数に合わせて選ぶ
リゾート・ステイ

5つ星のクオリアをはじめ、18歳未満は宿泊できない
ビーチ・クラブ、高層階からの眺めが
最高のリーフ・ビューなど宿泊施設も多種多様。

贅沢がさらなる感動へ
遊覧飛行

上空からしか見学できないハート・リーフや
幻想的な白砂のホワイト・ヘブン・ビーチへの遊覧飛行
は、ハミルトン島で一番人気のアクティビティ。

●ハミルトン島で楽しめるアクティビティ一覧

※難易度は★が多いほど難しいものになります

アクティビティ名	難易度	所要時間	料金	コメント
サンセットセイル	★	1時間30分	A$105	帆船に乗ってクルーズ。ビール、シャンパンまたは、ワイン付き
ジェットライダー	★★★	30分	A$80	スピードボートに乗って、真っ青な海を駆け抜ける
チューブ・ライド	★★★	10分	A$40	ウォータータイヤに乗って、水上スキーのようにボートに引かれる
ミニ・ゴルフ	★	時間制限なし	A$20	アップダウンもある18Hのミニ・ゴルフで盛り上がろう
18Hゴルフ	★★	9H 2時間30分 18H 5時間	9H A$135 18H A$195	斜面を利用したチャンピオンコースで上級者まで楽しめる
ゴーカート	★	10分	A$52	カップルでも一緒にレース場でのライドを楽しめる

※「18Hゴルフ」の所要時間は移動時間を除く。料金はボート往復とバギー代を含む

📷 見る Marina Village　1

マリーナ・ビレッジ

ハミルトン・ハーバー周辺のレストランやショップが立ち並ぶエリアがマリーナ・ビレッジ。おみやげや日用品の調達、食事に便利。
Ⓜ リゾート・センターから徒歩9分

デイトリップの船はここから発着

🛍 買う Hamilton Island Design　2

ハミルトン・アイランド・デザイン

爽やかなヨットをモチーフにしたハミルトン・アイランド・リゾートのロゴ入りグッズが揃う専門店。Ⓜ リゾート・センターから徒歩10分 ☎(07)4946-8565 🕘9時～17時30分(土曜は～17時、日曜は10～16時) 🈳なし

オリジナルグッズが揃っている

🛍 買う The Gallery　3

ギャラリー

海をモチーフにしたアート作品が揃う。アクセサリーや小物など普段使いできるものも。アートスクールもある。
Ⓜ リゾート・センターから徒歩13分 ☎(07)4948-9657 🕘9～17時(日曜は10～16時) 🈳日曜

こだわりみやげが見つかるかも

ハミルトン島の主な施設は島の北側に集まっている。レストランやショップが賑やかに並ぶ北西側がメインエリア。丘をはさんで宿泊施設とマリン・スポーツが体験できるキャッツアイ・ビーチがある。

楽しみ方は自由自在！
ハミルトン島を歩こう

地図内ラベル

エアポート・マリーナ
空港ターミナル
ヘイマン島、デイドリーム島へのボートはここから出発
ハミルトン・アイランド・エア P80
ハート・リーフ、ホワイトヘブン・ビーチへの飛行機ツアーはここから出発
ゴルフ・ドライビング・レンジ
ゴーカート

ハミルトン・アイランド・ファーマシー(薬局) Ⓢ
ギャラリー ❸
ヨット・クラブ・ヴィラ P81 🏨
ボミー ❹
マリーナ・ターバン(パブ) Ⓡ
ハミルトン・アイランド・ウォーター・スポーツ P80
マリーナ・ビレッジ ❶
ディンギー・ハイヤー
ボブズ・ベーカリー ❽
ゴルフ場行きフェリー乗り場 P80
マンタ・レイ ❼
ロマノーズ ❾
オアシス
ハミルトン・アイランド・デザイン ❷
Ⓢ H2Oスポーツ
クルーズ・ウィットサンデーズ P80
マリナーズ・シーフード・レストラン Ⓡ
ハミルトン島スーパーマーケット Ⓢ
オーストラリア・ポスト(郵便局) 〒
ボトルショップ Ⓢ
アイスクリーム・パーラー Ⓡ
ワイルドライフ・ハミルトン・アイランド ❻
パーム・バンガロー P81 🏨
スパ・ウーメディリン ❿
パーム・バンガロー P81 🏨
オール・セイン教会 ⓫
リゾート・バギー P80
メディカル・センター(診療所) 🏥
ミニ・ゴルフ
スポーツ・クラブ
アイランド・ Ⓝ
ビーチ・スポーツ
リゾート・センター
❺ セイルズ
ツアーデスク ℹ
会議場
リーフ・ビュー P81 🏨
ドルフィン・プール
Ⓢ リゾート・ストア
ウエストパック銀行
ビーチ・クラブ P81
ブーゲンビリア・プール
キャッツアイ・ビーチ
ハイビスカス
ラグーン

🍴 食べる Bommie Restaurant　4

ボミー

ヨット・クラブに併設された12歳以上限定のレストラン。洗練されたオーストラリア料理が好評。
Ⓜ リゾート・センターから徒歩15分 ☎(07)4948-9433 🕘17時30分～深夜 🈳月・火曜

しゃれた店内。3コースメニューA$130～

🍴 食べる Sails　5

セイルズ

アジアンテイストなメニューが豊富なカジュアルレストラン。朝食も営業している。
Ⓜ リゾート・センター内 ☎(07)4946-8562 🕘7～10時、11時30分～15時30分 🈳なし

キャッツアイ・ビーチを見渡せる好立地

📷 見る Wildlife Hamilton Island　6

ワイルドライフ・ハミルトン・アイランド

小さな動物園だがオーストラリア固有動物の種類が多い。併設のカフェではコアラを見ながら朝食が楽しめる。
Ⓜ リゾート・センターから徒歩2分 ☎(07)4946-9078 🕘8～16時 🈳なし A$32(6～14歳はA$22)

コアラを撫でたり、一緒に記念撮影ができる

📖 要予約　🎫 ドレスコード　📋 日本語メニュー　💬 日本語スタッフ　🍷 ライセンスあり

食べる Manta Ray 7

マンタ・レイ

ファミリーで楽しめるカジュアルなレストラン。シーフードや肉料理を前菜A$22〜、メインA$30〜で提供。

㊤リゾート・センターから徒歩10分 ☎(07)4946-8096
㊥12〜15時、17時〜深夜
㊡火・水曜、月曜のランチ

マリーナを見ながら食事ができる

買う Bobs's Bakery 8

ボブズ・ベーカリー

焼きたてのパンやパイが揃う。チョコレート・クロワッサンやオージーミートパイが人気。

㊤リゾート・センターから徒歩13分 ☎(07)4946-8281
㊥6時30分〜14時　㊡なし

パンやパイの種類も豊富

朝食や軽いランチの調達におすすめ

食べる Romano's 9

ロマノーズ

新鮮なシーフードを使ったイタリア料理が手ごろな料金で味わえる。人気店のため予約は早めに。

㊤リゾート・センターから徒歩10分 ☎(07)4946-6821 ㊥17時30分〜深夜 ㊡日・月曜

前菜A$14〜、メインA$40〜

ゲートがあり宿泊者しか入ることができない

クオリア P81 H

デント島

フィッツアラン島

左図

・ワン・ツリー・ヒル

▶キャッツアイ・ビーチ　サンライズ・ベイ

ハミルトン・ハーバー　▶パッセージ・ピーク

H ハミルトン・アイランド・リゾート　ノース・イースト・ポイント

空港　イースト・ポイント

ハミルトン・アイランド・ゴルフ・クラブ P80　コーラル・コーブ

H ペニンシュラ

H クーインダ・ガーデンズ

H ベラ・ビスタ

H ウィットサンデー・ビュー

⑫ ワン・ツリー・ヒル

H ノース・ケープ
ラ・ベラ・ウォーターズ

クラブ・ベイ　ドリフトウッド・ベイ　エスケープ・ビーチ

サウス・ウエスト・ヘッド　タートル・ロックス　サウス・イースト・ヘッド

タートル島

サウス・ヘッド

N　0　1km

マリーナやキャッツアイ・ビーチが一望できる高台。サンセット時がおすすめ

窓には美しいステンドグラスも

癒し Spa Wumurdaylin 10

スパ・ウーメディリン

マッサージ、トリートメントなど、日焼けや疲れた体にいいメニューが揃う。マッサージ60分A$175〜。

㊤リゾート・センターから徒歩5分
☎(07)4946-8669 ㊥9〜18時(日曜は10〜17時) ㊡なし

人気のスパなので早めの予約が必須

見る All Saints Chapel 11

オール・セインツ教会

キャッツアイ・ベイを望む眺望のいい丘に立つ白い教会。緑に囲まれたロマンティックな建物で、結婚式を挙げるカップルも多い。

㊤リゾート・センターから徒歩10分
㊥24時間 ㊡なし ㊭無料

見る One Tree Hill 12

ワン・ツリー・ヒル

サンゴ礁の海や周辺の島々を見渡せる島内一の絶景スポット。15〜19時に開店するサンセット・カクテル・バーも好評。

㊤リゾート・センターから徒歩20分

ウィットサンデー島をはじめ、周辺の島々が見える

小型飛行機でホワイト・ヘブン・ビーチへ

ハミルトン島で体験したい
人気アクティビティ

ハミルトン島には60種ものアクティビティが揃っている。
サンゴ礁の海を空から眺めたり海中を観察したり、
大自然を体感したい。ハート・リーフやホワイト・ヘブン・ビーチなど、
周辺の人気スポットも見逃せない!

遊覧飛行

小型飛行機やヘリコプターで、空からグレート
バリアリーフを観賞する。小型飛行機に乗り、
ハート・リーフやホワイト・ヘブン・ビーチなどの
人気スポットを上空から眺めるエクスプレス
遊覧飛行をはじめ、ヘリコプターでポントゥーンへ行き、海で遊べるリーフワールドフライ・フライなど、各種ツアーがある。

眼下にはコバルト
ブルーの海とサン
ゴ礁が広がる

ハミルトン・アイランド・エアー
Hamilton Island Air

☎ (07)4969-9599 ㊡日によって異なる ㊰なし ㊎ハート・リーフ&
ホワイト・ヘブン・ビーチ エクスプレスA$365(所要約1時間、最少催行
人数4名)、リーフワールドフライ・フライA$875所要2時間30分。送迎、
スパークリングワイン、軽食付き。最少催行人数2名)

マリン・スポーツ

スピード感あふれる水上スキーやチューブ・ライドは気分爽快。ほかにも、ボートで沖に出てスノーケルや釣りもできる。ジェットライダーやスピードボートなど、美しい海をめいっぱい楽しめるマリン・スポーツが揃う。

ハミルトン・アイランド・ウォーター・スポーツ
Hamilton Island Water Sports

☎ (07)4946-9934 ㊡8~17時 ㊰なし
㊎水上スキー/10分 A$70~、チューブ・ライドA$40~(最少催行人数2名)

スピードボートに牽
引され、スリル満点の
チューブ・ライド

クルーズ

リーフワールド・クルーズ
でポントゥーンへ

高速カタマランのクルーズが各種揃う。リーフに浮かぶポントゥーンへ行くリーフワールド・クルーズは、ポントゥーンをベースにスノーケリングや半潜水艦、海中観測室が楽しめる。

ホワイト・ヘブン・ビーチに行くツアーもある

クルーズ・ウィットサンデーズ
Cruise Whitsundays

☎ (07)4846-7000 ㊡6時30分~18時
㊰なし ㊎リーフワールド・クルーズA$299
(所要8時間。ランチ付き)

ララcheck!

ハート・リーフと
ホワイト・ヘブン・ビーチ

ハート・リーフ
は二人で見ると
「愛が深まる」
という伝説も

ハミルトン島の北北西70
kmの海上にある、ハート型
をした大きなサンゴ礁が**ハート・リーフ** (MAP P113-
A1)。ヘリコプターや水上
飛行機で上空から見ることができる。また、世界一美
しいといわれる**ホワイト・ヘブン・ビーチ** (MAP P113-
A1) はウィットサンデー島
にあり、長さ7kmにわたり
純白のシリカ砂の浜が続く。ハミルトン島から水上飛
行機やクルーズで行ける。

ホワイト・ヘブン・ビーチには魚は
いないのでスノーケルには不適

ゴルフ

ハミルトン島のマリーナから
フェリーで10分のデント島
に18Hのコースがある。全
英オープンを5回制したピー
ター・トムソンが設計した
コースで、初級者から上級
者まで楽しめる。1人でも
参加でき、シューズやクラブのレンタルもできる。

パー71のチャン
ピオンシップ・コー
スは6120m

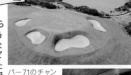

ハミルトン・アイランド・ゴルフ・クラブ
Hamilton Island Golf Club

クラブハウス
にはレストラン
やバーも

☎ (07)4948-9760 ㊡7時30分~14時30分(ラスト・ティ
オフ) ㊰なし ㊎1プレイ18H/A$195、9H/A$135

リゾート・バギー

ゴルフ用カートのバギーを運転し、島の観光コースを約1時間で
回るツアーがある。日本語ゲストサービスが同乗し案内してくれる。
商店街、ワン・ツリー・ヒル、高級別荘地などを訪ねる。また、島内
の移動手段としてバギーをレンタルすることもできる(運転には日
本または国際免許証が必要)。

開放感たっぷりのバギー・ツアー

問合先 ☎ (07)4946-8263
Ⓗリーフ・ビュー→P81
日本語デスク ㊡8~17時
(日曜は9時~) ㊰なし
㊎24時間A$130(任意保険
料1日A$15別途) ※大型連
休中は変動あり

●各アクティビティの問合せ・予約はツアーデスク(→P76)へ

多彩な施設が揃う
リゾートガイド

島に広がるリゾートの宿泊施設はバリエーション豊富。洗練された施設とスタッフサービスにも定評がある。リゾート内は徒歩やリゾート・バギー（→P80）、無料シャトルバスで移動できる。
※宿泊施設の問合せ・予約はツアーデスク（→P76）へ
※内線またはLINEトークにて日本語デスクがサポート

開放的な造りのプールはビーチが目の前

バルコニーにはサンデッキを完備した客室

ビーチ・クラブ
Beach Club

ビーチを満喫できる大人のためのリゾート

全室がキャッツアイ・ビーチに面した高級ホテルで、宿泊は18歳以上限定。洗練された空間と上質なサービスが好評で、ハネムーナーにも人気。海と一体感を持たせた造りのプールやクラブラウンジ、レストランなどは宿泊者専用。
㊥A$855〜（朝食付き）　57室

明るい雰囲気の客室はカップルにもいい

クオリア
Quolia

プライベートエリアに広がる5つ星リゾート

島の北に位置し、宿泊者だけがアクセスできる敷地に、広々とした戸建てパビリオンが点在する。パビリオンは全室からコーラル・シーを一望でき、プライベートプール付きや240㎡の客室などラグジュアリー。海を望めるレストランやスパなど、宿泊者専用施設が充実。宿泊は16歳以上限定。
㊥A$1300〜（朝食付き）　60室

特定のパビリオンに付くプライベートプール

スパ・ルームのローマンバス

リーフ・ビュー
Reef View Hotel

島内最大規模の眺めのいい高層ホテル

キャッツアイ・ビーチを望む19階建ての高層ホテル。客室には広いテラスが設けられ、明るい色調のインテリアがリゾート気分を盛り上げる。低層階の客室はトロピカル・ガーデン・ビュー、高層階はコーラル・シー・ビューになっている。
㊥A$396〜　382室

吹き抜けのロビーは開放感たっぷり

客室はクイーンサイズのツインで65㎡ある

パーム・バンガロー
Palm Bungalows

トロピカルでカジュアルなバンガローでリフレッシュ

南国ムードあふれるバンガロータイプの宿泊施設で、パームツリーの並ぶトロピカルガーデンに面して連なって立つ。室内は板張りが特徴のポリネシアン風で温かみがある。一棟建てならではのプライベート感も魅力だ。バンガローからリゾートセンターまでは徒歩2分、レストランやプールへのアクセスもいい。
㊥A$410〜　49棟

別荘感覚で滞在できるバンガロー

くつろげる雰囲気の内装。1棟に3名まで宿泊できる

ヨット・クラブ・ヴィラ
Yacht Club Villas

美しい自然に囲まれラグジュアリーなステイを

海に面した緑あふれる敷地に3階建てのヴィラが並ぶ。各ヴィラは4LDKで各寝室はバスルームまたはシャワールーム付き。テラスがある広いリビングは海が望め、キッチン付き。プール、レストランなどの施設も充実。
㊥A$1440〜（ローシーズンは3泊、ハイシーズンは4泊から宿泊可）　30棟

レストラン、会議室などが入った施設も

メイン・ベッドルームは海を望める

🏨日本語スタッフ　🏊プール　📶インターネット　☕コーヒーメーカー　🛁バスタブ　🧊冷蔵庫　🧺ランドリー　🧒キッズサービス

●各施設の宿泊者が利用できるレストラン、プール、フィットネスジム、エステ、ゴルフコース、テニスコートあり。島内全域で無料でWi-Fiの利用が可能

透明度バツグンの海で遊ぶ

ミコマス・ケイ
MAP P114-B2
Michaelmas Cay

ミコマス・ケイはケアンズ北東43km、ミコマス・リーフに浮かぶ小さな島。自然のままのリーフが残り、スノーケリングやダイビングなどが楽しめる。大型カタマラン船での優雅なセイリングも魅力。海のアクティビティに興じる一日を過ごしてみよう。

往復はサンデッキが付いた豪華なカタマラン船、オーシャン・スピリット号で

1 全長360m、幅50mの小島
2 遮るものがなにもない砂浜

ツアー・スケジュール

8:00
乗船
8:30
出港、船内でブリーフィング
10:30
ミコマス・ケイに到着
11:00〜14:30
アクティビティ
12:00〜13:30
船内でビュッフェランチ
15:00
ミコマス・ケイを出発
17:00
ケアンズに到着

1 8:00
ケアンズ、リーフ・フリート・ターミナルを出発

リーフ・フリート・ターミナルでチェックイン後、オーシャン・スピリット号に乗船。

安定感のあるカタマラン船でミコマス・ケイに向かう

航海中はデッキで魚の餌付けが行われる

出航30分前から乗船開始。出航までモーニングティーのひととき

2 8:30
船内でブリーフィング

1日のスケジュールや島での注意事項を日本語スタッフが説明。体験ダイビングの申込みもここで行う。

ユーモアたっぷりのブリーフィング。日本人クルーも同行

3　10:30　ミコマス・ケイに到着

沖にカタマラン船を停泊させ、小型ボートで島まで。島にある野鳥保護区は立ち入り禁止だ。

島全体が国立公園になっている

停泊中は島とカタマラン船を行き来できる

12:00〜13:30　船上でビュッフェスタイルのランチ

12時〜13時30分の間、好きなタイミングで船に戻ってランチが食べられる。

ビュッフェスタイルのランチ

ドリンクも各種揃い、料理もおいしいと評判

4　11:00〜14:30　ランチを挟んで各種アクティビティに挑戦

島での滞在時間は約4時間。半潜水艦、スノーケリング、ビーチ散策、バードウォッチング、体験ダイビングなどのアクティビティが用意されている。

半潜水艦

体験ダイビング

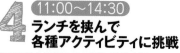

体験ダイビングに挑戦して透明な海を満喫

スノーケリング

半潜水艦は午前か午後のどちらかに参加

海の美しさはスノーケリングでも十分に堪能できる。器材は到着前に船上で配られる

体験ダイビングは往路の船の中で申込みができる

5　15:00　ミコマス・ケイを出発

帰路では、スパークリングワインやチーズなどがふるまわれる。

出航までの間、アフタヌーンティーが用意される

復路は海を眺めながらリラックス

6　17:00　ケアンズ、リーフ・フリート・ターミナル着

このツアーで体験！

オーシャン・スピリット・クルーズ

島にゆったり4時間滞在できる人気のツアー。船が揺れることもあるので酔い止めがあった方がよい。

DATA 料A$235(子供A$124、大人2名＋子供2名のファミリーA$601。体験ダイビングは別途A$142)。※昼食、環境保護税、スノーケルレンタル、半潜水艇ツアーなどは料金に含まれる
☎07-4044-9944
時8時30分〜17時　休なし
URL www.oceanspirit.com.au

ウミガメもいる星砂の無人島

フランクランド諸島
MAP P114-B3
Frankland Islands

サンゴ礁に囲まれたフランクランド諸島のノーマンビー島は、自然保護のため、1日に100人以上は入島できない無人島。ウミガメが数多く生息する島としても有名で、スノーケリングでカメに会えるチャンス大。海洋生物の専門ガイドと共に巡る島内散策ツアーもおすすめだ。

ノーマンビー島は島全体が海洋国立公園になっており、さまざまな生き物に出会える

1 ノーマンビー島は無人島で入島制限がある 2 どこよりも静かな海

1 7:45
ケアンズを出発し、ディーラルへ

ケアンズから専用のバスでディーラル港へ向かう

ケアンズからディーラル港へ向かう。車窓に広がるのは広々としたサトウキビ畑などのどかな風景。

ディーラル港からグレートバリアリーフをめざす
©Frankland Islands Reef Cruises

2 8:30
マルグレーブ川を下って、海へ

マングローブに覆われてリバークルーズを楽しんでいると、30分ほどで海へ。大自然に恵まれたフランクランド諸島に向かう。

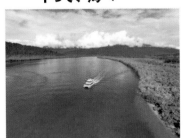

両岸のマングローブを眺めながら川を下る

③ 9:30
無人島に到着

周囲の海をスノーケルを使って探索するもよし、グラス・ボトム・ボートや半潜水艦で海の底をのぞくもよし。ダイビングやカヤック、パドルボードなどオプショナルメニューも盛りだくさん。

海の底がのぞける半潜水艦

1日に100人しか入島できない無人島、ノーマンビー島

④ 12:30
砂浜でランチ

ビーチ裏の木陰でランチタイム。ビュッフェスタイルで用意されたトロピカルなランチを堪能しよう。南国フルーツもどっさり。

パドルボード

初心者でもすぐにのることができる

フルーツや野菜もたっぷりのビュッフェランチ

海の目の前で種類豊富な料理を味わえる

⑤ 13:00
フリータイム

ランチ後も、さまざまなアクティビティに挑戦したい。日本語ガイドの解説を聞きながら、島内散策ツアーに参加するのもおすすめだ。

スノーケリング

カラフルな熱帯魚がすぐそこに。ウミガメに出会えることも

カヤック

少し沖に出てみよう

半潜水艦

半潜水艦とグラス・ボトム・ボートのいずれかがツアーに含まれている

⑥ 14:30
無人島を出発して
ケアンズ、ディーラル港へ。
17:00頃ケアンズ着

このツアーで体験！

フランクランド諸島
リーフクルーズ

手付かずの自然が残る無人島を訪れる日帰りツアー。リバークルーズを楽しんだあと、美しいサンゴ礁や熱帯魚に出あえる。

DATA （料）A\$229〜（4〜16歳A\$129〜、3歳以下無料）。ケアンズからのバス送迎、ランチ（飲み物は別料金）のほか、スノーケル用具の貸出、スノーケルポイントへのツアーへの参加、体験ダイビング、カヤック、パドルボードなど各種アクティビティの料金も含まれる。
☎07-4033-0081　（時）7時〜17時30分、所要9時間　（休）なし
www.franklandislands.com.au

海と森に囲まれた大自然

フィッツロイ島

MAP P114-B2
Fitzroy Island

太古からの熱帯雨林が残り、島の周りには美しい
サンゴ礁が取り巻いている。マリン・アクティビティ
からトレッキングまで、遊び方はさまざま。ケアンズ
から日帰りも十分に可能だが、リゾートに滞在して
ゆったりとした島時間を堪能したい。

Best of Best

遊びたい
スノーケリングはもちろん、SUPやパド
ルボードにも挑戦したい。

泊まりたい
客室のバリエーションが豊富。カップル
にも家族にも最適のスタイルがみつかる。

フィッツロイ・アイランド・リゾート

Fitzroy Island Resort

リゾート情報

☎(07)4044-6700 ㊟リゾート・ステューディオA$220〜、オーシャン・スイートA$390〜、ウェルカムベイスイートA$430〜(2名で1泊1室、料金は季節により異なる)、2ベッドルームスイートA$555〜(4名で1泊1室、料金は季節により異なる) 99室

🌐www.fitzroyisland.com

リゾート施設

無料アクティビティ キッズワークショップ、ガイド付きブッシュウォーク、5つのウォーキングトレイルなど

有料アクティビティ カヤック、ガイド付きシュノーケリング、SUP、グラスボート、スキューバダイビングなど

島へのアクセス

● ケアンズからのアクセス方法
ケアンズのリーフ・フリート・ターミナルからフィッツロイ島へのフェリーは8時、11時、13時30分、フィッツロイ島からリーフ・フリート・ターミナルへは9時30分、12時15分、17時 ㉕フェリー往復のみ:A$99 ㉔リーフ・フリート・ターミナルまでケアンズシティBSから徒歩10分
☎(07)4044-6700 ※フィッツロイ島アクティビティバス2(ランチ付き):㉕8時〜17時30分 ㉛なし ㉔A$118〜(A$10の徴収金が別途必要)

島の歩き方アドバイス

スノーケル用具やパドルボードなどはビーチハイヤーでレンタルできるので、ビーチ・アクティビティに興じたい。グラス・ボトム・ボートツアーなどに参加して海を満喫するのもおすすめ。シーカヤックツアーでは、3時間かけて島の北側を巡り、リトルフィッツロイ島やヌーディビーチを訪れる。ナショナルパークをウォーキングする楽しみはフィッツロイ島ならでは。ライトハウス&ピーク・サーキット(所要約2時間)は島の頂上まで登るルートだが、シークレット・ガーデンウォーク(往復30分)を歩くだけでも熱帯雨林の自然の素晴らしさを実感できるだろう。

● 2泊3日のリゾートプラン

1日目

午前 マリン・アクティビティを堪能

スノーケリングで美しいサンゴ礁の海に感動。用具はホテルやフィッシュ・スポーツ・ハブでレンタルできる。

午後 シーカヤックで島の周囲を探検

ガイドと一緒に島の北側を半周。ヌーディビーチやリトルフィッツロイ島を海上から眺める。

2日目

午前 ネイチャーツアーに参加

熱帯雨林のなかをウォーキング。頂上の巨大な岩の上まで登れば、遠くまで広がるサンゴ礁の海が見渡せる。

午後 ビーチサイドでのんびり

夕方にはビーチサイドのフォクシーズ・バー&カフェで海を眺めながらカクテルを。夜はゼファー・レストランでディナーを楽しみたい。

🍴 レストラン　🛍 ショップ　🏊 プール　💆 エステ　💻 インターネット
🧊 冷蔵庫　👶 キッズサービス

泊まる　Fitzroy Island Resort　1

フィッツロイ・アイランド・リゾート

客室タイプが選べるので
カップルもグループも快適

島の97%が国立公園という自然豊かなリゾート。さまざまなタイプの客室があるのが特徴で、手頃なツイン＆ダブルルーム、独立したダイニングがあるオーシャンスイートのほか、2つのベッドルームを備えた2ベッドルームスイートやビーチキャビンは家族やグループの滞在に最適。最上階のウェルカムベイスイートにはキッチンや電子レンジなどの設備が整い、湾を見下ろすバルコニーが付く。プールでくつろいだり、グラス・ボトム・ボートなどのツアーでサンゴ礁の海を堪能するのもおすすめ。

リゾートに続く桟橋

オーシャン・スイートの寝室

眺望がよいウェルカムベイスイート

広々として開放感のあるロビー

ケアンズ

N

0　100m

キャンプ場・
Campsite

ウェルカム・ビーチ
Welcome Beach

フィッツロイ・アイランド・リーフ
Fitzroy Island Reef

リトル・フィッツロイ・アイランド・リーフ
Little Fitzroy Island Reef

ケアンズ・タートル・リハビリテーション・センター
Cairns Turtle Rehabilitation Centre

リトル・フィッツロイ島
Little Fitzroy Is.

灯台

ケアンズ

Ｓ ダイビングショップ
Fitzroy Island Dive & Adventure Centre

右図

① フィッツロイ・アイランド・リゾート

シークレット・ガーデンウォーク

ヌーディ・ビーチ
Nudey Beach

フィッツロイ島国立公園
Fitzroy Island National Park

N

0　1km

桟橋・

③ ゼファー・レストラン

グレートバリアリーフ・サブマリン・
Great Barrier Reef Submarines

① フィッツロイ・アイランド・リゾート

② フォクシーズ・バー＆カフェ

・シークレット・ガーデンウォーク

食べる　Foxy's Bar & Cafe　2

フォクシーズ・バー＆カフェ

カジュアルなカフェスタイルのレストラン

海が眺められる開放感いっぱいのカジュアルレストラン。営業は10時から深夜までで、ランチとディナーに利用できるほか、夜間はビールやワイン、カクテルなどが楽しめる。

ビーチに面しており、明るい雰囲気

食べる　Zephyr Restaurant　3

ゼファー・レストラン

モダンオーストラリア料理のダイニング

朝食（7時30分〜10時）とディナー（17時30分〜20時LO）に毎日営業。地元の新鮮な食材を中心に使用したモダンオーストラリア料理が味わえる。予約がおすすめ。

肉料理のほか、魚介料理やベジタリアンメニューも用意

屋外テラスで海を眺めながら食事を

贅沢な自然を肌で感じる夢の楽園

リザード島

MAP P112-A1
Lizard Island

周囲をサンゴ礁で囲まれたリザード島は、
G.B.R.の中でも有数の美しい白砂のビーチとラグーンをもち、
ダイバー憧れのコッドホールやゲームフィッシングの拠点でもある。
ここは、10歳以下は宿泊できない大人のためのリゾートだ。

Best of Best

遊びたい

ディンギー（電動ボード）を操縦して、プライベートビーチでスノーケリングしよう。

泊まりたい

すべての食事が宿泊料金に含まれるオールインクルーシブだから毎日グルメ三昧。

リザード・アイランド・グレートバリアリーフ

Lizard Island Great Barrier Reef

リゾート情報

☎(07)4043-1999/1800-837-204（国内無料通話）⑭ガーデンビューヴィラA$2049〜、オーシャンビューヴィラA$3099〜、（2名1室で2泊以上滞在の1室分、全食事、飲み物、ディンギー、グラス・ボトム・ツアーなど含む。料金は季節により異なる）10歳以下は宿泊不可　40室
URL www.lizardisland.com.au

リゾート施設 🛏🍴🏊🎾🚣🛍💆💼

無料アクティビティ ディンギー、SUP、テニス、ピクニックランチ、グラス・ボトム・ボート、カヤック、ガイド付き自然散策など

有料アクティビティ スキューバダイビング、スノーケリングツアー、ゲームフィッシング、アウターリーフ1日クルーズなど

島へのアクセス

ケアンズからの軽飛行機送迎あり。1日2便（11時、14時）、往復1名あたりA$780。宿泊予約後に宿泊先が手配してくれる。所要片道約60分。

島の歩き方アドバイス

リゾートと飛行機が発着する敷地以外は国立公園に指定されている。リゾートから飛行機発着所を抜け、サンゴ礁が広がるブルー・ラグーンや、島の頂上クックス・ルックまで足をのばしてみよう。手付かずの自然が堪能できる。24カ所あるプライベートビーチの中から好きなところに出かけてピクニックランチを楽しむのもおすすめ。前夜までに注文すると、ピクニックランチボックスが無料になる。ディンギーを無料レンタル、またはリゾートスタッフが送迎してくれる。

●リゾートからブルー・ラグーンまで
…片道徒歩45分
●リゾートからクックス・ルックまで
…片道徒歩2時間

2泊3日のリゾートプラン

1日目

午前 ディンギーで湾内をクルーズ

ディンギーを操縦してスノーケルを楽しんだり、パドルボードで遊んだり、海を満喫しよう。

午後 ダイビングやフィッシングに挑戦

リザード島の周辺にはダイバー憧れのダイビングスポットが数多い。近海でのゲームフィッシングも盛んだ。

2日目

午前 国立公園の島を自然散策

手付かずの自然が残る島をクックスルックまで散策。スライドを使用した島と海の動植物に関する解説も興味深い。

午後 サンセットを眺める

午後のひととき、穏やかな海を眺めながら、客室のテラスでリラックス。海に沈む夕日があたりを茜色に包む。

1

泊まる　Lizard Island
Great Barrier Reef

全客室にテレビ、Wi-Fiを完備。
バスタブのある部屋も

リザード・アイランド・
グレートバリアリーフ

潮風が心地よい
時間を忘れて過ごす1日

プライバシーを重視したコテージタイプのヴィラは全40棟。ビーチに面したビーチフロントスイート、オーシャンビューヴィラ、アンカー・ベイを見下ろすヴィラが主な宿泊施設となっている。バルコニーには昼寝用のソファーが置かれるなど、贅沢なリゾートシーンを演出。レストランを中心としたメインキャビネットには、ゲームスペース、読書ラウンジ、バーなどがあり、思い思いの時間を楽しめる。

ビーチフロントスイートのテラスからの眺め

ビーチに直接アクセスできる設計

2

癒す　ESSENTIA DAY
SPA

エセンティア・デイ・スパ

プライベート感が味わえるスパ

肌の奥まで成分が浸透し、即効性が高いといわれるフランスの最高級プロダクト「イコウ」を使用。アットホームな雰囲気のスパだが、設備は充実。シグネチャーマッサージ／60分A$210、リザード島の特別な儀式「リバイバル」体験／90分A$280など。⊕10時〜19時30分

個々に合ったトリートメントが受けられる

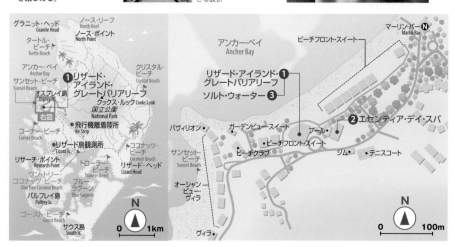

[地図]
グラニット・ヘッド Granite Head
ノース・リーフ North Reef
ノース・ポイント North Point
タートル・ビーチ Turtle Beach
アンカー・ベイ Anchor Bay
サンセット・ビーチ Sunset Beach
オスプレイ島 Osprey Is.
右図
クリスタル・ビーチ Crystal Beach
❶リザード・アイランド・グレートバリアリーフ
クックス・ルック Cooks Look
国立公園 National Park
飛行機離着陸所 Air Strip
コーナー・ビーチ Corner Beach
リザード島観測所 Lizard Is.
リサーチ・ポイント Research Point
トローラー・ビーチ Trawler Beach
ココナッツ・ビーチ Coconut Beach
リザード・ヘッド Lizard Head
ワン・トリー・ココナッツ・ビーチ One Tree Coconut Beach
ブルー・ラグーン Blue Lagoon
パルフレイ島 Palfrey Is.
ゴースト・ビーチ Ghost Beach
サウス島 South Is.
0　1km

アンカー・ベイ Anchor Bay
マーリン・バー Marlin Bar
ビーチフロント・スイート
リザード・アイランド・グレートバリアリーフ ❶
ソルト・ウォーター ❸
パヴィリオン
ガーデンビュー・スイート
プール
❷エセンティア・デイ・スパ
ビーチフロント・スイート
ビーチクラブ
ジム
テニスコート
サンセット・ビーチ Sunset Beach
オーシャンビューヴィラ
ヴィラ
0　100m

3

食べる　Salt Water

ソルト・ウォーター

とりびきのワインとともに
おいしい食事に舌鼓

眼前にはアンカー・ベイを見渡すビーチが広がり、開放感いっぱいのカジュアルレストラン。朝食、ランチ、ディナーともに利用できる。食材は本土からも島内からも毎日届けられ、メニューは飽きないように毎日変わる。⊕7時〜10時30分、12時〜14時30分、18時30分〜21時

風が心地よいテラス席でリゾート気分を満喫

4

遊ぶ　Activities

アクティビティ

マリン・アクティビティで
サンゴ礁の海を満喫

立ったまま手軽に乗れるパドルボードに挑戦したり、ディンギーで湾内に漕ぎ出したり、グラス・ボトム・ボートのツアーなどは無料で楽しめる。スノーケルやダイビング、フィッシングは追加料金が必要だが、ボートツアーで絶好のポイントに連れていってもらおう。ビーチで受けるヨガレッスンは爽快そのもの。

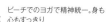

ビーチでのヨガで精神統一。身も心もすっきり

ブラックマーリンを狙ってゲームフィッシングを楽しむ

初心者でも簡単に乗れるパドルボードで海上をすいすい

まだまだある！ グレートバリアリーフ
珠玉のリゾートアイランド

リゾートアイランドでは、スノーケリングなどのマリン・アクティビティを思いきり満喫したり、ウォーキングで自然散策を楽しんだりとアクティブに過ごすのがおすすめ。一方、ターコイズブルーの海を眺めながらのんびりと滞在するのも贅沢な過ごし方だ。

グレートバリアリーフ北部

オーフィアス島
Orpheus Island

手つかずの熱帯の楽園で
自然もアクティビティも満喫　　MAP P112-B4

島の大半が国立公園に指定されており、11kmにわたる白浜とターコイズブルーの海岸線が広がる。周囲の自然と調和した施設には快適な客室をはじめ、読書室やプールも完備。食事やドリンク、スノーケリングなどの各種アクティビティが料金に含まれたオールインクルーシブだ。

オーフィアス・アイランド・リゾート
Orpheus Island Resort

⊗タウンズヴィルからヘリで30分　☎(07)4777-7377　㊟ビーチフロントA\$1925〜（大人2名利用時の1室の料金、3食、アクティビティ、施設利用、ウォータースポーツ用具レンタルなど含む）　14室

サザン・リーフ諸島

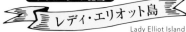

レディ・エリオット島
Lady Elliot Island

多様な海洋生物と出合える
G.B.R.のエコリゾート　　MAP P111-D3

周辺の海にはウミガメやマンタをはじめ、多くの海洋生物が生息し、初夏には珍しいサンゴの産卵が見られることも。島の環境を守るため、宿泊施設は素朴なコテージのみ。自然との調和や自然保護を第一に考えたリゾートだ。レセプションなどではWi-Fiが利用可能（A\$19.95/500MB）。

レディ・エリオット・アイランド・エコ・リゾート
Lady Elliot Island Eco Resort

⊗ハーヴィー・ベイまたはバンダバーグ（MAP P113-B4）から小型飛行機で約40分　☎(07)5536-3644　㊟1人A\$255〜　44室

グレートバリアリーフ北部

ハガーストーン島
Haggerstone Island

探検気分を刺激する
秘境の楽園　　MAP P110-D1

ケアンズの北、600kmに位置する島。豊かな自然が魅力で、施設は天然素材を多用しくつろげる雰囲気。スノーケルや釣りなども楽しめる。カップルにもファミリーにも好評で、9名で島の貸し切り（A\$10500〜／泊）もできる。Wi-Fi設備あり。

ハガーストーン・アイランド・リゾート
Haggerstone Island Resort

⊗ケアンズ国内線空港から小型チャーター機で2時間のヒックス島へ、そこでボートに乗り換え15分　☎(07)4060-3399　㊟1人A\$1100〜（1棟8名利用時）　5棟

リゾートアイランドへの起点となる街を知っておこう！

タウンズヴィル
MAP P112-B4

一年のうち晴天日が300日を数えるという太陽の光に恵まれた町。美しい海岸線をもち、マグネティック島やオーフィアス島などの島々へのゲートウェイとして観光客やダイバーで賑わう。ケアンズから飛行機で1時間。

エアリー・ビーチ
MAP P113-A1

ウィットサンデー諸島への玄関口となる町。G.B.R.への船が発着するのは、ポート・オブ・エアリー（Port of Airlie）。ハミルトン島などへ行く船や島巡りのクルーズが出ている。小さな町だが旅行客で活気あふれる。

シュート・ハーバー
MAP P113-A1

エアリー・ビーチから車で15分。ウィットサンデー諸島への起点となっており、ハミルトン島などへの船が発着する。最寄りの空港は、エアリー・ビーチとともに、プロサーパイン（ウィットサンデーコースト）空港。

ハーヴィー・ベイ
MAP P111-D4

レディ・エリオット島への起点となる町。ホエール・ウォッチングが楽しめることでも有名で、シーズンには世界中からホエール・ウォッチャーが訪れ、港からはツアー船も多く出る。ブリスベンから飛行機で1時間45分。

グレートバリアリーフで楽しめる

アクティビティはコレだ！

アクティビティ名 島名	ブッシュウォーキング	ゴルフ	テニス	ダイビング	スノーケリング	セイリング	ボードセイリング	水上スキー	カヤック	パドルボード	フィッシング	リーフクルーズ	モーターボート	グラス・ボトム・ボート	プール
ハミルトン島(P76) Hamilton Island	♪	♪	♪	♪	♪		♪	♪	♪	♪	♪	♪	♪	♪	♪
ミコマス・ケイ(P82) Michaelmas Cay				♪	♪										
フランクランド諸島(P84) Frankland Islands	♪			♪	♪				♪	♪		♪※		♪	
フィッツロイ島(P86) Fitzroy Island	♪				♪				♪	♪				♪	♪
リザード島(P88) Lizard Island	♪		♪	♪	♪				♪	♪	♪			♪	♪
オーフィアス島(P90) Orpheus Island	♪			♪	♪	♪			♪		♪	♪	♪	♪	♪
レディ・エリオット島(P90) Lady Elliot Island				♪	♪									♪	♪
ハガーストーン島(P90) Haggerstone Island	♪				♪			♪	♪		♪	♪	♪		♪

※フランクランド諸島へのツアーそのものがリーフクルーズ

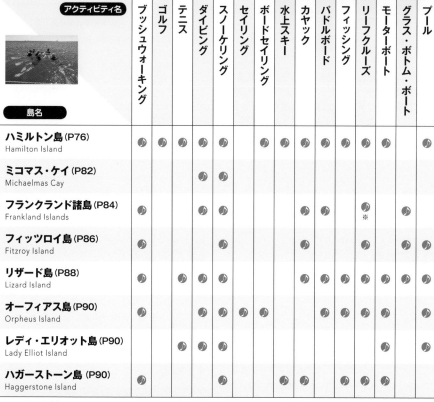

出入国の流れ

スムーズに行動できるように、
手続きの流れを事前に
しっかり確認しておこう。

オーストラリア入国

カンタス航空、ジェットスター航空、日本航空、全日空、ヴァージン・オーストラリア航空が、成田国際空港、羽田空港、関西国際空港からケアンズ、シドニー、メルボルン、ブリスベン、パースへの直行便を運航している。

ETA（電子渡航許可）の事前申請が必要です

ETAとは、最長3カ月までの観光や商用目的で入国する場合に適用される電子ビザのことで、出発前に旅行者のパスポート情報などを登録するシステム（利用手数料A$20）。「オーストラリアETAアプリ」をダウンロードし（無料）、旅行者本人がアプリを通して申請しなければならない。3カ月以上滞在するなど、ETA対象外の場合は別のビザ申請が必要。最新情報は、在日オーストラリア大使館のHP（→P104）などで確認を。

入国の流れ

❶ 到着

税関の申告書を兼ねた入国カードを到着までに書き込む。到着後、到着ゲートから順路に従い入国審査へと進む。

❷ 入国審査
（スマートゲート）

日本を含む一部国籍のIC旅券を保有する16歳以上が対象。機械で自動的に入国審査が受けられるので、スムーズに手続きできる。

【スマートゲート利用方法】

①空港到着時、入国審査場にあるスマートゲートの機械でパスポートの顔写真ページをスキャン。画面に表示される質問に答える。

②機械から発行されたチケットをゲート近くの顔認証システムの機械に挿入し、正面のカメラを見る。顔認証が確認されればチケットが戻り、荷物受取所へのゲートが開く。荷物受取後に、チケットと入国カードを係員に提出する。

※スマートゲートで入国審査を受けた場合、パスポートに入国許可のスタンプは押印されない。

❸ 荷物受取所

入国審査後、搭乗便名が表示されたターンテーブルで荷物を受け取る。荷物が出てこなかったり、破損した箇所があった場合は、遺失物相談所でクレーム・タグ（荷物引換証。搭乗券の裏に貼られていることが多い）を提示して、所定の手続きを取る。

❹ 税関

申告するものがない場合は、緑の「No Declare（申告なし）」のカウンターへ進む。申告するものがある場合は、赤の「Declare（申告）」のカウンターへ進み、申告書と申告するものを係員に提示する。判断できないものがある場合は、係員に確認してもらうこと。

❺ 到着ロビー

到着ロビーには各旅行会社のツアーガイドが待機している。個人旅行なら、公共バスやシャトルバス、タクシーを利用して目的地へ。空港内には観光案内所や両替所、SIMカードの販売所もある。

オーストラリア入国時の制限

○ 主な免税範囲

●酒類
アルコール飲料2.25ℓ（18歳以上）

●たばこ
紙巻きたばこ25本、またはたばこ製品25g、開封済のたばこ1箱（18歳以上）

●みやげ品
総額A$900以内の物品（18歳未満はA$450）

●現金
現地通貨、外貨ともA$1万相当額未満

○ 申告対象品目

入国カードで申告の上、検査をしてOKであれば持込み可のもの。種・根・皮が含まれていない乾物の果物・野菜（製粉してあれば可）、ローストされた種・ナッツ類、はく製や藁製品などの動植物製品、土や動物の糞、植物等が付着している靴、衣類など。

○ 条件付きで持込み可のもの

●卵製品
加工された卵製品（例：マヨネーズ、インスタントラーメン）は、次の条件を満たしていれば持込み可。①常温で6ヵ月以上保存可能　②商業的に製造・梱包済　③1kgもしくは1ℓまでの量　④持込みまたは郵送しようとする本人の個人消費目的。

●乳製品
規定で定められた口蹄疫の清浄国が生産・加工しているものに限り、個人消費の目的で各アイテム10kgもしくは10ℓまで持込み可。日本は清浄国のリストに含まれている。生産国が明記してあり、商業的に包装され未開封であることが条件。乳児同伴に限り、条件付きでミルクの持込み可。

●肉製品
金属製の缶・レトルト・密封のガラス瓶のものは、市販で常温保存が6カ月以上可能であれば持込み可。魚は生、乾燥などどのような形態でも常温保存可能で内臓及び頭を取り除いてあれば持込み可。ただしサケ科の魚はレトルトと瓶詰め、缶詰以外は不可。魚卵は、サケ科のもの以外は市販包装してあり、未開封であれば持込み可。

○ 主な持込み禁止品

上記以外の卵、肉類、生および冷凍の果物と野菜（漢方薬なども含まれる）、未調理の豆・切花・根・球根・実・根茎・茎・繁殖力のある植物（部位、使用目的により個別に規定あり）。生の種やナッツ類、それを使用した製品。精米してある米（市販、未開封）、犬・猫以外のペット、土や砂。

※持込み禁止品を所持していた場合、ビザをキャンセルされ、オーストラリアへの入国が拒否される場合がある。

荷物の注意点

○ 機内に預け入れる荷物

利用する航空会社によって預け入れが可能な荷物の大きさや重さ、個数の制限が異なるので、詳細は事前に各航空会社の公式サイトなどで確認しておこう。制限を超えると追加料金が必要となるので注意。なお、携帯電話やデジカメ、ノートパソコンなどの予備電池（リチウムイオンポリマー電池を含む）、ライター、マッチは預け入れ荷物に入れることができないので機内に持ち込もう。貴重品も自分の手を離れてしまう預け入れ荷物には入れないほうが無難。荷物の取り違えやロストバゲージに備えて、あらかじめ荷物に名札を付けておくと安心。

○ 機内に持込む荷物

危険物の持込みは禁止されている。ナイフやハサミ、高圧ガス、オイルライター、花火などが対象になる。逆に、携帯電話やノートパソコンなどの電子機器の予備電池や喫煙用ライターは預け入れ禁止なので、機内持込み手荷物に入れるのを忘れずに（種類によっては持込みも不可）。

●ガススプレー　　**●ハサミ**　　**●100mℓ以上の液体**

○ 液体の持込み制限

国際線では液体物の持込みが制限されている。対象は飲料、化粧品、ヘアースプレーなどの液体物、ジェル、エアゾール類など。主な条件は以下のとおり。

○ 100mℓ以下の個々の容器に入っていること（100mℓを超える容器の場合、液体が一部しか入っていなくても持込み不可）。

○ 液体物を入れた容器は1ℓ以下のジッパー付き無色透明プラスチック袋に入れること。

●ビニール袋は旅客1人1袋のみ。手荷物検査の際に検査員に提示すること。

詳細は公式サイトを参照
URL www.mlit.go.jp/koku/03_information

＝おもて＝

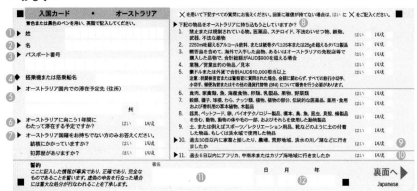

① 姓（ローマ字）
② 名（ローマ字）
③ パスポート番号
④ 搭乗便名
⑤ オーストラリアでの
　滞在予定先

⑥ 「オーストラリアに1年以上滞在する
　予定か」
⑦ オーストラリア国民でない場合「現在
　結核を患っているか」「犯罪歴があるか」
⑧ 税関・検疫に関する9項目の質問。
　所持している・または確信が持てない
　場合は「はい」に×印

⑨ 「過去30日以内に家畜と接したり、
　農場、荒野地域、淡水の川／
　湖などに行ったか」
⑩ 「過去6日以内にアフリカ・中南米
　またはカリブ海地域に行ったか」
⑪ 署名（パスポートと同じサイン）
⑫ 日付（日・月・西暦の順）

※⑤はホテル名もしくは滞在先の住所。複数の場合、滞在が長い場所。ケアンズ、
ゴールドコーストの州名はQLD。シドニーの州名はNSW。メルボルンの州名はVIC。
⑥～⑩の質問に「はい」「いいえ」で答える。

＝うら＝

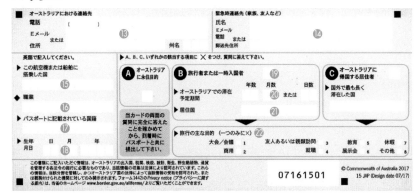

⑬ オーストラリアでの連絡先。
　ホテルなどの電話番号と名称を記入
⑭ 緊急連絡先。日本の家族などの連絡先を記入
⑮ 搭乗地（英語で記入）
⑯ 職業（英語で記入）
⑰ 国籍（英語で記入）

⑱ 生年月日（日・月・西暦の順）
⑲ 旅行者はBに×印
⑳ 滞在予定期間
㉑ 居住国（日本ならJAPANと記入）
㉒ オーストラリア訪問の主な目的（いずれか1つに×印）

オーストラリア出国

出発予定時刻の2時間前には空港に到着を。
事前にオンラインチェックインをすると便利。

出国の流れ

❶ チェックイン

利用する航空会社のチェックインカウンターでパスポートと帰りの航空券を提示し、搭乗手続きを行う。預ける荷物があればここで預け、クレーム・タグをもらう。eチケットの場合は自動チェックイン機（Express Check-in）で搭乗手続きができる。

❷ 出国審査（スマートゲート）

スマートゲートで入国した場合、出国時もスマートゲートを利用することになる。スマートゲートを利用すると、パスポートに出国スタンプは押印されない。

❸ セキュリティチェック

ボディチェックとX線による手荷物検査を受ける。飲料、化粧品などの液体物は100㎖以下の容器に入れ、1ℓ以下の透明なプラスチック製の袋に収めてX線に通す。手荷物検査をパスすれば、出国の手続きは終了。

❹ 出国ロビー

旅行者払戻制度（TRS）の手続きを済ませ、免税店や、おみやげ店、フードコートなどで最後の買い物や食事を楽しんだあとは、搭乗予定時刻30分前には搭乗ゲートの近くで待機するようにしよう。

❺ 搭乗ゲート

搭乗予定時刻30分前までに搭乗ゲートへ。搭乗の際、搭乗券とパスポートの確認がある。

税金の払い戻し（TRS）

オーストラリアで消費される全物品・サービスには基本的に10％の消費税（GST）がかけられている。しかし、海外からの旅行者は、旅行者払戻制度TRS（Tourist Refund Scheme）に基づいて以下の全条件を満たす場合は消費税（GST）やワイン平衡税（WET）に対して税金の払い戻しが受けられる。手続きに必要となるのは免税書類（TAX INVOICE）、購入した商品、パスポート、搭乗券。手続きは、出国手続き後の出発ロビーのカウンターで出発予定時刻の30分前までに済ませること。

○ 払い戻し条件

①ABN（Australian Business Number／企業納税登録番号）をもつ店舗で購入し、1店舗あたりの合計購入金額がA$300以上
②出国前に消費せず国外に持ち出すこと
③出国前60日以内に購入したもの
④出国時に手荷物として扱えるもの（液体物は別途制約あり）※生鮮食品、免税品は対象外

○ 手続きの流れ

お店で　免税書類（TAX INVOICE）を発行してもらう。レシートだけでは不可。

空港で　TRSカウンターで、免税書類（TAX INVOICE）／購入商品／パスポート／搭乗券を提示し、払い戻し手続きをする。

お金の受け取り　クレジットカードの口座への振り込み、小切手（非推奨）、オーストラリアの銀行口座への振り込みから選択する。

《問合先》オーストラリア税関・国境警備局
URL www.homeaffairs.gov.au（英語）

日本帰国時の注意

○ 主な免税範囲（成人1人当たり）

●酒類…3本（1本760㎖のもの）。未成年者の免税はなし。
●たばこ…紙巻きたばこ200本、または加熱たばこ個装等10個または葉巻たばこ50本、またはその他のたばこ250gまで。未成年者の免税はなし。
●香水…2オンス（1オンスは約28㎖）。オーデコロン、オードトワレは含まない。
●その他…1品目ごとの海外市価の合計額が1万円以下のもの全量。その他は海外市価の合計額20万円まで（1個で20万円をこえる品物は全額課税）。

○ 動植物

土付きの植物、果実、切り花、野菜や、ハム、ソーセージといった肉類などは要検疫。チーズなど乳製品はおみやげや個人消費で10kg以下（飼料用除く）ならば検疫不要。

○ 主な輸入禁止品

麻薬、大麻、覚醒剤、銃砲弾及びけん銃部品、爆発物や火薬、通貨または証券の偽造・変造・模造品、わいせつ物、偽ブランド品など。

○ 主な輸入制限品

ワシントン条約に該当する物品。対象物を原料とした漢方薬、毛皮・敷物などの加工品も同様。ワニ、ヘビなどの皮革製品、象牙、はく製、ラン、サボテンなどは特に注意。

○ 医薬品・化粧品など

個人が自ら使用するものでも数量制限がある。医薬品及び医薬部外品は2カ月分以内（外用剤は1品目24個以内）化粧品は1品目24個以内。

※詳細は税関 URL www.customs.go.jpを参照

空港〜
ケアンズ中心部への交通

ケアンズ国際空港はケアンズ市内から比較的近く、
車なら10〜15分ほど。空港の施設もチェックして！

ケアンズ
国際空港

Cairns International Airport

ケアンズ中心部から約8kmに位置する空港で、国内線と国際線のターミナルは隣接しているが、徒歩で5分ほどかかる。

空港内の主な施設

○ インフォメーション

空港内にインフォメーションカウンターはない。1階の到着ロビーにパネルが設置されており、その下にある専用電話でホテルの予約ができる。

○ 飲食店

1階にカフェがある。2階には出国審査後の出発ロビー内に軽食がとれるカフェがある。

○ ショップ

2階出発ロビーには免税店ほか、工芸品やグルメ食品、ワインなどのオーストラリアみやげを扱うショップなどがあり、ケアンズ最後のショッピングを楽しめる。

○ 喫煙エリア

2階出発ロビーの2番ゲート前に喫煙所が設けられている。そのほか建物入口付近に喫煙コーナーがある。

○ 両替所

1階到着ロビーにあるが、レートは市内の銀行や両替所のほうがいい。ATMもあるので、キャッシングも可能。

○ レンタカーデスク

1階到着ロビーには、各レンタカー会社のカウンターが並んでいて、早朝から営業している。

空港案内図

1階（到着）フロア

両替所やレンタカー会社のカウンター、シャトルバスの受付などがある。外に出ればタクシーやバス乗り場へ。国内線の乗り継ぎは、外に出て約300m離れた国内線ターミナルまで歩く。

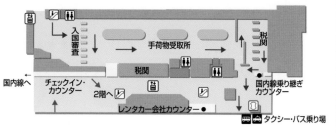

入国審査
手荷物受取所
税関
国内線乗り継ぎカウンター
国内線へ
チェックイン・カウンター
2階へ
税関
レンタカー会社カウンター
タクシー・バス乗り場

2階（出発）フロア

出国審査、手荷物検査、搭乗ゲートがあり、出発ロビーにはショップや飲食店が集まっている。旅行者払い戻し制度（TRS）のカウンターも出発ロビーにある。

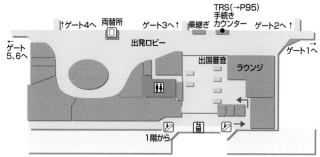

ゲート4へ
両替所
ゲート3へ
乗継ぎ
TRS(→P95)手続きカウンター
ゲート2へ
出発ロビー
ゲート5、6へ
出国審査
ゲート1へ
ラウンジ
1階から

```
マーク凡例
🏦 銀行・両替所    🚶 エスカレーター    ← 出発
🚻 トイレ         🚌 バス乗り場        ← 到着
🛗 エレベーター   🚕 タクシー乗り場
```

交通早見表

※所要時間は目安。道路の混雑状況により異なる。ツアー参加者はツアーバスが送迎してくれることが多い。各宿泊ホテルを回り、順番にツアー客を降ろしていく。詳細は事前に確認を。

交通機関	特徴	料金（片道）	所要時間	問合先
タクシー	到着ロビーを出ると正面がタクシー乗り場。人数が多い場合などはシャトルバスよりも安くなる場合も。	市内のホテルまでA$30前後	10～15分程度	ケアンズタクシー☎131-008
レンタカー	レンタカー会社のカウンターでの手続きに多少時間はかかるが、レンタカーなら途中で立ち寄りしながらホテルへ行ける。	コンパクト・エコノミークラスで1日A$65～	10～15分程度	→ P40 参照
ライドシェア	空港からUber（→ P39）の乗車が可能。UberXは小型乗用車であることが多いため、荷物が多い場合はUberXLを。	市内のホテルまでUberX A$20～、UberXL A$28～	10～15分程度	→ P39 参照

旅のキホン

通貨や両替、気候、通信環境などの
現地情報は必ず事前にチェックしておこう。
マナーも身につけば旅行の楽しさも倍増。

［ お金のこと ］

＼ 紙幣 & 硬貨の種類 ／

通貨

通貨単位はオーストラリア・ドル(A$)

A$1＝約96.9円

（2024年1月現在）

補助通貨はオーストラリア・セント(A¢)。
A$1＝100A¢。

5A¢

10A¢

20A¢

50A¢

A$1

A$2

A$5 **A$10** **A$20** **A$50** **A$100**

両替

空港、ホテル、銀行などで両替できる。手数料は割高だが、ホテルでは土・日曜も両替可能。また、街なかや観光地にはMONEY EXCHANGEと看板を掲げた両替所があり、ほとんどが土・日曜も営業している。両替レートや手数料はそれぞれ異なる。

クレジットカード

コーヒー1杯でもクレジットカードが使えるほど、カードでの支払いが一般化しているため、現金は最小限持っていればOK。ただし、ビザやマスター以外は使えない店もあるので注意。また、レンタカーを借りるときやホテルのチェックインの際にクレジットカードの提示を求められる場合も多い。

銀行

銀行の営業時間は、平日9時30分〜16時（金曜は〜17時）。オーストラリアの大手銀行は、ナショナル・オーストラリア銀行、オーストラリア・ニュージーランド（ANZ）銀行、オーストラリア・コモンウェルス銀行、ウェストパック銀行など。

［ 言葉の こと ］

公用語は英語。発音はイギリス英語に近いが、独特だ。一般的にアルファベットの"エイ（A）"は"アイ"と発音する。例えば「Today」は「トゥダイ」と発音するなど。

［ 時差のこと ］

国内で時間帯は3つに区切られていて、日本との時差は東海岸のほうが1〜2時間進んでいる。10月の第1日曜から翌年4月の第1日曜にかけての期間は、通常より時間が1時間早まるサマータイム（デイライト・セービング・タイム＝DST）を導入している州もある。

都市名	日本との時差
ケアンズ　グレートバリアリーフ　ゴールドコースト	＋1時間
シドニー　メルボルン	＋1時間（サマータイムの時期は＋2時間）

［ 季節のこと ］

オーストラリアの主な祝祭日

1月1日	ニュー・イヤーズ・デー	5月6日	レイバー・デー
1月26日	オーストラリア・デー		（クイーンズランド州）★
3月29日	グッド・フライデー★	10月7日	キングス・バースデー
3月30日	イースター・サタデー★		（クイーンズランド州）★
3月31日	イースター・サンデー★	12月25日	クリスマス
4月1日	イースター・マンデー★	12月26日	ボクシング・デー
4月25日	アンザック・デー（戦争記念の日）		

ケアンズの主なイベント

7月13～14日	ケアンズマラソン★	8月23日～9月1日	ケアンズ・フェスティバル★
7月17～19日	ケアンズ・ショー★	12月31日	ニュー・イヤーズ・イブ

※上記は2024年1～12月の主な祝祭日・イベント。★印の祝祭日・イベントは年によって日にちが変動する。

気候とアドバイス

夏　12～2月	秋　3～5月	冬　6～8月	春　9～11月
本格的な雨季に突入し、雨だけでなくサイクロン（台風）も多くなる。降水量は東京の夏よりも多いので雨対策を。	雨季が終わり、乾季に入るので降水量は少なくなり、それにつれて気温も徐々に下がってくる時期。	湿気が少なくて過ごしやすいシーズン、晴れの日が多く観光には向いているが、朝晩は肌寒い日もあるので注意。	だんだんと気温が上がり、夏の日差しが強くなる時期。晴れの日が多く、気温は12月に向かってますます上昇する。

平均気温＆降水量

南半球にあり、日本と季節が反対のオーストラリア。出発前に必ずチェックしよう。

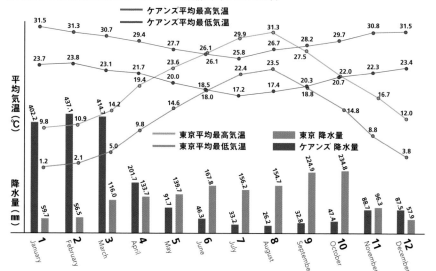

※ケアンズの気温・降水量はクイーンズランド州政府観光局資料、東京の気温は、降水量は理科年表による。

電話のこと

国際電話のかけ方

オーストラリアから日本へ電話をかけるには、国際直通ダイヤルを利用する。かけ方は下記参照。公衆電話で国際電話をかけるときは、テレホンカード（Telstra Phonecard）A$5〜を使用する。硬貨は使用できないので注意。テレホンカードはコンビニやニュースエージェンシーなどで販売している。ホテルの客室からかけると手数料がかかる。

オーストラリア国内電話

オーストラリア国内に設置されている公衆電話からは、国内の固定電話と携帯電話への通話、国内の携帯電話へのSMS（ショートメッセージ）が無料で利用できる。

日本からオーストラリアへの国際電話

国際電話識別番号		オーストラリアの国番号		市外局番の最初の0を省く		
010	+	61	+	市外局番	+	相手の電話番号

スマートフォンの場合、「+」または「010」＋国番号の順で発信する　料金は利用する電話会社によって異なる。

オーストラリアから日本への国際電話

○ 直通ダイヤル

国際電話識別番号		日本の国番号		市外局番の最初の0を省く		
0011	+	81	+	市外局番	+	相手の電話番号

＊例えば(03)-1234-5678にかける場合、　0011-81-3-1234-5678とダイヤルする

インターネットのこと

空港やホテルをはじめ、主要観光施設、飲食店など、無料で利用できるWi-Fiスポットは多い。接続パスワードは聞けば教えてくれる。ホテルは有料の場合もあるので、フロントで確認を。

スマートフォンの設定

日本で使っている携帯電話やスマートフォンを海外でそのまま使用する場合、高額請求されてしまうことがあるので、登録している通信会社の海外用プランに加入するか、日本から携帯電話や海外用Wi-Fiルーターをレンタルしていくとよい。自分のスマートフォンを持っていく場合は「機内モード」をON、「データローミング」をOFFに設定すれば回線との接続をシャットダウンすることができる。メールを見たりウェブサイトを閲覧するにはWi-Fi機能をONにする。パスワードのない公共のWi-Fi利用は、個人情報を抜き取られてしまうケースが発生しているので注意したい。

郵便のこと

小包は、小包専用の用紙に、荷物の内容などを記入し、郵便局の窓口で料金を計算してもらう。宛て名は日本語でもOKだが、「JAPAN」と必ず書くように。差出人は自分の名前とホテル名をローマ字で記入。小包の箱は郵便局で購入可。日本へは4〜9営業日で届く。2〜4営業日で届くクーリエ便（Courier）もあるが20kgまででA$98.75〜と割高。

知っておきたいエトセトラ

電圧・プラグ

標準電圧は220〜240V、周波数は50Hzで日本よりも電圧が高い。コンセントの差し込み口はOタイプ（ハの字型でアース端子用の穴もある三つ股）。日本の電化製品を使うには変圧器と変換プラグが必要。また、電化製品を使用する場合は、コンセント横のスイッチを入れないと電源が入らないようになっていることもあるので気をつけよう。

Oタイプ

たばこ事情

オーストラリアは日本に比べると喫煙に関しては取り締まりがとても厳しい。公共施設はもちろん、ホテル、レストラン、バーなどの屋内も禁煙のところが多く、敷地内や館内すべて禁煙というビルも増えているので要注意。また、州によってはレストランやショッピングモール、ビーチなど公共の場所で吸殻を捨てると罰金が科せられることもあるので注意。

トイレ

観光地ではほとんどの場所にトイレが設置してあるので不便はない。郊外のレストランやファストフード店ではトイレに鍵がかかっていることがあるので、店員に鍵を借りて使用する。公衆トイレを利用するときは、常に手荷物から目を離さないように注意しよう。

飲料水

全土を通じて水道水は飲むことができるが、臭いなどが気になる場合は、スーパーなどでミネラルウォーターを購入しよう。炭酸入りのものと炭酸なしのものがあるので、購入時に確認を。

チップ

基本的にチップの習慣はないが、特別なサービスを受けたときや高級レストランなどでは料金の5〜10%ほどが目安。また、レストランでは土・日曜、祝日にテーブルチャージ（サービス料とは異なるのでチップではない）として合計金額の10%が加算されることもある。

ライセンスとB.Y.O.

アルコールを提供できるのはライセンスを取得している店のみで、「LICENSED」という表示が店の外に出ている。ただし、ライセンスがない店であってもB.Y.O.（「Bring Your Own」の略で「自分で飲むお酒は自分で持参を」の意味）の表示があれば、酒類を持ち込むことが許されている。ただし、持ち込みはワインのみで、持ち込み料金（Corkage）がかかる店がほとんどなので要注意。料金は店により条件が異なるので事前に確認しよう。ワイングラスは店が用意してくれる。

ビジネスアワー

都市や時期により異なるが、ショップの営業時間は一般的に9時～17時30分(土曜は～16時)。主要都市では週に1度(木曜が多い)、「レイト・ナイト・ショッピング・デー」を設け、通常より遅い時間(21時くらい)まで営業するところもある。レストランは12～14時、17時30分～21時が目安。郵便局は9～17時(土曜は午前のみ)で、日曜・祝日は休み。

フロア表示

日本とオーストラリアでは建物の階数の数え方が異なる。日本でいう1階をオーストラリアではGround floorと呼び、2階以上をLevelで数える。
地下：Basement(B)
地上1階：Ground floor(G)
地上2階：Level 1(L1)
地上3階：Level 2(L2)

スクールホリデー

オーストラリアの小学校・中学校・高等学校では、年4回、学校休業期間(スクールホリデー)がある。この期間は国内の交通機関や宿泊施設などが混雑するので注意。休業期間は、それぞれの州や特別地域ごとに異なる。2024年度のクイーンズランド州の休暇期間は、3月29日～4月14日、6月22日～7月7日、9月14～29日、12月14日～2025年1月27日。

遊泳

海水浴では、ビーチに立つ2本の旗の間で泳ごう。旗の範囲内は遊泳可能区域で、ライフセーバーが監視できる範囲を示す。赤と黄色の2色の旗が遊泳可、黄色だけの旗は要注意、赤い旗は遊泳禁止の意味。

サイズ

レディース	洋服	日本	7	9	11	13
		オーストラリア	6	8	10	12
	靴	日本	22	23	24	25
		オーストラリア	5	6	7	8
メンズ	洋服	日本	37	38	39	41
		オーストラリア	37	38	39	41
	靴	日本	25	26	28	29
		オーストラリア	7	8	10	11

［ トラブル対処法 ］

治安&気をつけたいこと

比較的治安がいいといわれるオーストラリアの都市部でも、荷物からは目を離さず、バッグは必ず身に付けておくなどの注意は必要。多額の現金はなるべく持ち歩かないようにし、貴重品はホテル客室やフロントに設けられたセーフティ・ボックスへ預けよう。ひと気の少ないところに立ち入ったり、夜間のひとり歩きは避けたい。

トラブル対策

- □ 置き引きに注意し、荷物から決して目を離さない。
- □ クレジットカードや現金などは何箇所かに分けて保管する。
- □ 見知らぬ人を無条件に信用しない。
- □ 万一強盗に遭った場合には、無理に抵抗しない。
- □ レンタカーの車中に荷物を置いたまま外出しない。

病気になったら

ホテル内ならフロントに電話をして医者を呼んでもらうのが一番。"プリーズ コール ア ドクター クイックリー Please call a doctor, quickly."と言えば手配してくれる。日本語で医療サービスを行っている病院もある。医療費はかなり高いので、万一の場合に備えて、海外旅行損害保険に加入しておきたい。また、オーストラリア国内で薬を購入するには医師の処方箋が必要となる場合もあるので、常備薬は日本から持っていくとよい。

盗難・紛失したら

パスポートやクレジットカードなどを紛失したら、警察署に届け出たり必要な窓口へ連絡するなど、迅速に対応しよう。

パスポートの紛失

紛失したパスポートの失効手続き後、新規にパスポートを申請する。
❶警察に届ける…現地の警察に届け出て、盗難・紛失届出証明書または「Event Number」を発行してもらう。
❷パスポートの失効手続き／新規発給手続きをする…現地の日本国大使館または総領事館に行き、必要書類（顔写真2枚、6カ月以内に発行された戸籍謄本1通、盗難・紛失届出証明書。その他の書類は窓口で用意あり）を揃えて提出する。
※新規旅券発給の手続きに時間的余裕がない場合には、旅券に代わる「帰国のための渡航書」の発行が可能（直行便または、経由地で空港外に出ない経由便で日本へ帰国する場合のみ）。上記の必要書類に加え、eチケットの控え、もしくは搭乗予約確認書が必要。詳細は現地の大使館に要確認。

クレジットカードの紛失

現地のカード会社や提携銀行にすぐに連絡する。届け出と同時に失効手続きをしてくれるので、不正使用されないために、気づいた時点で一刻も早く届け出ること。ほとんどの場合、1〜3日で新しいカードを発行してもらえる。万が一に備えて、カード紛失や盗難にあった際の連絡先、カード番号、有効期限はあらかじめ控えておくこと。

そのほか

ホテル内での盗難はフロントへ申し出る。ただし、ホテル側の過失が明らかでない場合の弁償は望めない。街なかでの盗難、置き引きにあった場合は最寄りの警察へすぐに出向き、届け出ること。

便利アドレス帳

日本国内

《大使館・情報収集》

・在日オーストラリア
大使館(東京)

・オーストラリア政府観光局

・外務省領事局
領事サービスセンター
(海外安全相談班)

・外務省海外安全ホームページ

《主要航空会社》

・JAL国際線
予約センター

・ANA国際線予約・
案内センター

・カンタス航空(QF)

・ジェットスター航空(JQ)

・ヴァージン・
オーストラリア航空

《主要空港》

・成田国際空港

・関西国際空港

オーストラリア

《緊急時・現地情報》

・在オーストラリア
日本国大使館(キャンベラ)
☎02-6273-3244

・在ケアンズ領事事務所
☎(07)4051-5177
MAP P116-B4　大判MAP表-B4

・警察・救急・消防
☎000

・ケアンズ24時間
日本人医療サービス
☎1800-688-909
MAP P115-B3　大判MAP裏-B4

《空港》

・ケアンズ国際空港
☎(07)4080-6703

《航空会社》

・カンタス航空
☎131-313

・ジェットスター航空
☎131-538

・日本航空
☎1800-047-489

《クレジットカード緊急連絡先》

・JCB
(JCB紛失・盗難海外サポート)

・Visa(クレジットカード紛失時のお手続き)

・アメリカン・エキスプレス
(カードの紛失・盗難時に)

・Mastercard(お手持ちの
Mastercardに関するお問い合わせ)

持ち物ＬＩＳＴ ♥♥

手荷物に入れるもの

- □ パスポート
- □ 航空券(e チケット)
- □ スマホ／携帯電話
- □ ボールペン・メモ帳
- □ ティッシュ・ハンカチ
- □ 財布
  （クレジットカード・現金）

- □ コスメ類
- □ Wi-Fiルーター
- □ 予備バッテリー
- □ ガイドブック
- □ ストール・マスク
- □ デジカメ

※液体やクリーム類はジッパー付透明袋に入れる

スーツケースに入れるもの

- □ 着替え・下着類
- □ 歯磨きセット
- □ コンタクトレンズ
- □ メガネ
- □ コスメ類
- □ 日焼け止め
- □ スリッパ
- □ 常備薬
- □ 虫よけ
  スプレー（夏）

- □ 充電器
- □ 生理用品
- □ プラグ変換機
- □ 折りたたみ傘
- □ 水着／サンダル
- □ サングラス
- □ 靴
- □ 帽子
- □ バスセット
  （洗顔・シャンプーなど）
- □ サブバッグ

あると便利！女子旅グッズ

旅を
より快適に
しよう！

- □ **タオル**（割れ物を包むのにも便利♪）
- □ **ブラシ・くし・ヘアゴム**（ホテルにないことも！）
- □ **ビニール袋**（着用済みの洗濯物を入れるなど）
- □ **機内用トラベル枕**（長時間フライトに）

- □ **入浴剤**（旅の疲れはその日のうちに）
- □ **除菌ウェットティッシュ**（おしぼりは出ないことが多い）
- □ **絆創膏**（靴ずれ対策に）

MEMO

パスポートNo.

パスポートの発行日	年	月	日

パスポートの有効期限	年	月	日

ホテルの住所

フライトNo.(行き)

フライトNo.(帰り)

出発日				帰国日			
年	月	日			年	月	日

ケアンズ発オプショナルツアー

限られた滞在時間で、観光ポイントを効率よく観光できるのが現地発着のオプショナルツアー。日本語ガイド付きツアーもある。

マークの意味 ❶出発時間 ❷所要時間 ❸催行日 ❹料金 ❺最少催行人数 ❻食事の有無 ❼日本語スタッフ

申込先
マイバスデスク（JTBケアンズ支店） MAP P117-C3
大判▶表-C3 ㊂Shop5 34 The Esplanade Cairns
☎07-4052-5872 ㊂9～16時 ㊡なし 同
URL https://www.mybus-ap.com/country/australia
※各ツアーはケアンズ到着後でも申込み可能

グレートバリアリーフ遊覧飛行

セスナ機での45分の遊覧飛行。パイロットがその日の飛行状況にあわせ、最も綺麗に見えるグレートバリアリーフ上空へご案内します。

❶7時30分～16時の間 ❷約1時間40分（飛行時間45分） ❸毎日 ❹A$249 ❺2名 ❻なし ❼なし

熱気球

早朝の澄んだ空気の中、オーストラリアの大地を上空から体感ください！

❶4時 ❷約6時間 ❸毎日 ❹平日A$440 土・日曜、祝日$495 ❺8名 ❻なし ❼なし

どきどき動物探検ツアー

ガイドと自然の中をドライブ。巨大アリ塚やロックワラビーなどの野生動物は必見。夜はBBQを楽しめる。

❶14時 ❷約8時間 ❸毎日 ❹A$大人190/子供A$120/家族A$500 ❺2名 ❻夕食付 ❼あり

キュランダ観光デラックスコース

観光列車、スカイレール、水陸両用車等にご乗車頂き、様々な角度から熱帯雨林を楽しむガイド付きツアー。

❶9時 ❷約8時間 ❸毎日 ❹大人A$280/子供A$175 ❺2名 ❻昼食付 ❼あり

アサートン高原ツアー

日本語堪能人気ガイド、シェーンさんと行くアサートンツアー。バリン湖やカーテンフィグツリー見学、チーズ＆チョコレート工場やワイナリーのグルメツアーに加え、かわいいロックワラビーとも触れ合える盛りだくさんツアー。

❶8時20分頃 ❷約9時間 ❸毎日 ❹大人A$175/子供A$105/家族A$485 ❺2名 ❻あり ❼あり

世界遺産モスマン渓谷とポートダグラスツアー

世界的に人気のリゾート地、ポートダグラス散策＆ランチ。モスマン渓谷散策＆先住民文化体験をお楽しみ頂きます。

❶8時30分頃 ❷約8時間 ❸水・日曜 ❹大人A$220/子供A$180 ❺2名 ❻昼食付 ❼あり

満天の星空見学とワイルドアニマル探索ツアー

ケアンズ郊外に出向き、ロックワラビーなどの野生動物を探す。かわいいワラビーに出会ったあとは、天体観測へ。季節や天候によっては、南十字星、天の川も見ることができる感動体験ツアー。

❶19時30分発 ❷約2時間30分 ❸毎日 ❹大人A$69/子供A$49 ❺2名 ❻なし ❼あり

パロネラ半日ツアー

熱帯雨林に佇む神秘的な城、パロネラパーク。創設者の夢のストーリーと共にお楽しみください。

❶8時頃 ❷約6時間 ❸火・木・土曜 ❹大人A$200/子供A$165 ❺2名 ❻あり ❼あり

※2024年1月現在のツアー内容・料金（大人1名分）です。ツアー内容は変更になることがありますので、事前にご確認の上、お申込みください。

index

108 □行きたい場所に✓を入れましょう ■行った場所をぬりつぶしましょう

グレートバリアリーフ

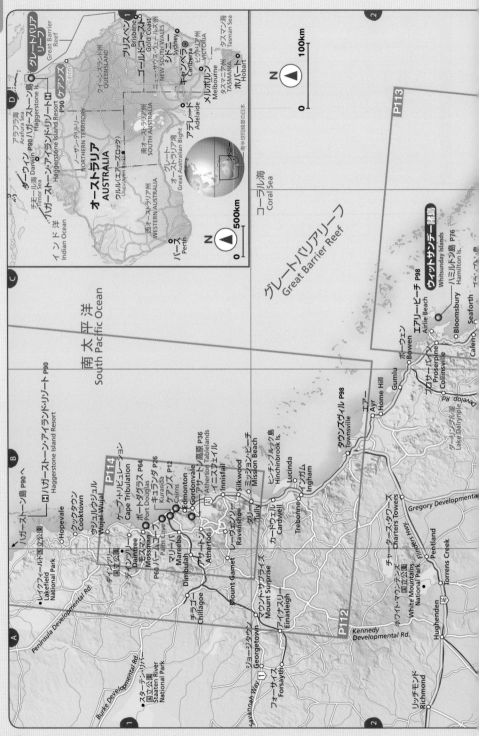

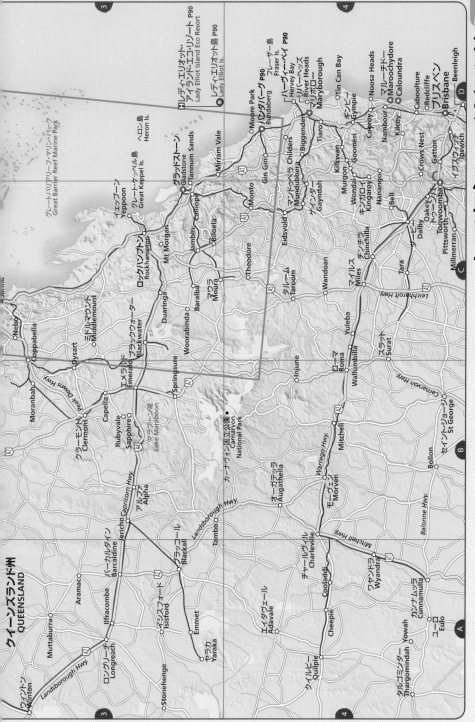

クイーンズランド州
QUEENSLAND

グレートバリアリーフ・マリン・パーク
Great Barrier Reef Marine Park

レディ・エリオット・アイランド・エコ・リゾート P90
Lady Elliot Island Eco Resort
レディ・エリオット島
Lady Elliot Is.

ヘロン島
Heron Is.

グレート・ケッペル島
Great Keppel Is.

フレーザー島
Fraser Is.

バンダバーグ P90
Bundaberg

ハーヴィー・ベイ P90
Hervey Bay

● レストラン・カフェ　● ショップ　● ナイトスポット　● ビューティースポット　● 観光スポット・アクティビティ
Ｈ ホテル

グレートバリアリーフ北

A

B

コルベット・リーフ
Corbett Reef

King Is.
Stanley Is.
Flinders Is.
Pipon Is.

メルヴィル岬
Cape Melville

Berwick Is.

ケープ・メルヴィル
国立公園
Cape Melville
National Park

南太平洋
South Pacific Ocean

リザード・アイランド・
グレートバリアリーフ P88
Lizard Island Great Barrier Reef P88

リザード島 P88
Lizard Is.

Ribbon

フラタリー岬
Cape Flattery

グレートバリアリーフ
Great Barrier Reef

112

113

N

0   50km

レイクフィールド
国立公園
Lakefield
National Park

ホープヴェール
Hopevale

ベドフォード岬
Cape Bedford

Reef

Peninsula Developmental Rd.

クックタウン
Cooktown

Cruiser Passage

ホームズ・リーフ
Holmes Reef

Mulligan Hwy.

ウジュルウジュル
Wujal Wujal

P114

フローラ・リーフ
Flora Reef

デインツリー
国立公園
Daintree
National Park

ケープ・トリビュレーション
Cape Tribulation

ニューウェル
Newell

Tongue
Reef

マリガンハイウェイ

デインツリー
Daintree

モスマン
Mossman

81

P60 パームコーブ
Palm Cove

ポートダグラス P64
Port Douglas

44

Burke Developmental Rd.

チラゴー
Chillago

Chillagoe-Mungana
National Park

Dimbulah

クリフトン・ビーチ
Clifton Beach

P26 キュランダ
Kuranda

P12 ケアンズ
Cairns

マリーバ
Mareeba

Smithfield

グリーン島 P30
Green Is.

フィッツロイ島 P86
Fitzroy Is.

アサートン
高原 P36

27

Tolga

エドモントン
Edmonton

ゴードンベイル
Gordonvale

Yungaburra

アサートン
Atherton

Herberton

Malanda

Bramston Beach

Howie Reef

コーラル海
Coral Sea

ミラミラ
Millaa Millaa

レーヴェンソー
Ravenshoe

South
Johnstone

A1

イニスフェイル
Innisfail

CAIRNS LINE

Mount Garnet

El Arish

Silkwood

ミッション・ビーチ
Mission Beach

ダンク島 Dunk Is.
ベダラ島 Bedarra Is.

Lake
Koombooloomba

タリー
Tully

Savannah Way

マウント・サプライズ
Mount Surprise

Undara Volcanic
National Park

1

カードウェル
Cardwell

Girringun
National Park

ヒンチンブルック島
Hinchinbrook Is.

ブリトマート・リーフ
Britomart Reef

Great Barrier Reef
Marine Park
(Central Section)

アイナスリー
Einasleigh

A7

Lucinda

Trebonne

オーフィアス島 P90
Orpheus Is.

Broadhust
Reef

Kennedy Hwy.

リンド・ジャンクション
The Lynd Junction

グリーンヴェール
Greenvale

インガム
Ingham

NORTH COAST LINE

パーム島
Palm Is.

オーフィアス・アイランド・
リゾート P90
Orpheus Island Resort

ブルース・ハイウェイ
Bruce Hwy.

マグネティック島
Magnetic Is.

Gregory Developmental Rd.

Deeragun

タウンズヴィル P90
Townsville P90

Alligator Creek

↓マッカイへ

A

B

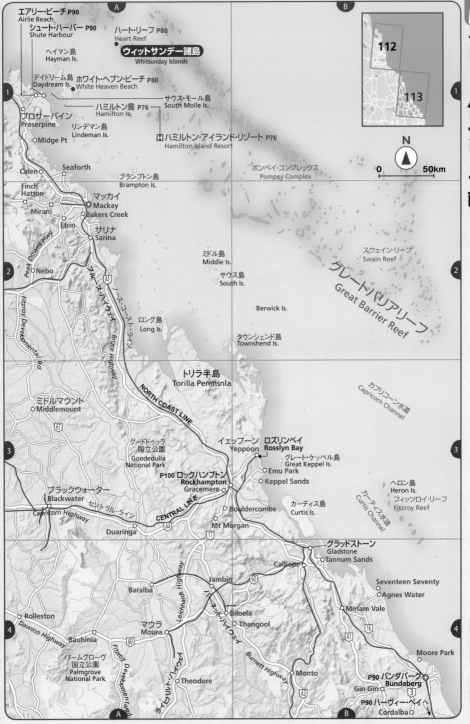

エアリー・ビーチ P90
Airlie Beach
シュート・ハーバー P90
Shute Harbour
ハート・リーフ P80
Heart Reef
ウィットサンデー諸島
Whitsunday Islands
ヘイマン島
Hayman Is.
ホワイト・ヘブン・ビーチ P80
White Heaven Beach
デイドリーム島
Daydream Is.
サウス・モール島
South Molle Is.
ハミルトン島 P76
Hamilton Is.
プロサーパイン
Proserpine
リンデマン島
Lindeman Is.
Ｈ ハミルトン・アイランド・リゾート P76
Hamilton Island Resort
Midge Pt
Calen
Seaforth
ブランプトン島
Brampton Is.
ポンペイ・コンプレックス
Pompey Complex
Finch Hatton
マッカイ
Mackay
Bakers Creek
Mirani
Eton
サリナ
Sarina
Nebo
ミドル島
Middle Is.
サウス島
South Is.
スウェイン・リーフ
Swain Reef
グレートバリアリーフ
Great Barrier Reef
Berwick Is.
ロング島
Long Is.
タウンシェンド島
Townshend Is.
トリラ半島
Torilla Peninsnla
カプリコーン水道
Capricorn Channel
ミドルマウント
Middlemount
グードゥッラ国立公園
Goodedulla National Park
イェップーン
Yeppoon
ロズリンベイ
Rosslyn Bay
グレート・ケッペル島
Great Keppel Is.
Emu Park
P100 ロックハンプトン
Rockhampton
Gracemere
Keppel Sands
ヘロン島
Heron Is.
フィッツロイ・リーフ
Fitzroy Reef
ブラックウォーター
Blackwater
セントラル・ライン
Bouldercombe
カーティス島
Curtis Is.
カーティス水道
Curtis Channel
Duaringa
Mt Morgan
グラッドストーン
Gladstone
Tannum Sands
Calliope
Baralba
Jambin
Seventeen Seventy
Agnes Water
Rolleston
Biloela
Mirlam Vale
マウラ
Moura
Thangool
Bauhinia
パームグローヴ国立公園
Palmgrove National Park
Theodore
Monto
Moore Park
P90 バンダバーグ
Bundaberg
Gin Gin
P90 ハーヴィー・ベイ
Cordalba

N
0 50km

112
113

周辺図はP111参照

● レストラン・カフェ ● ショップ ● ナイトスポット ● ビューティースポット ● 観光スポット・アクティビティ ⓐ **113**
Ｈ ホテル

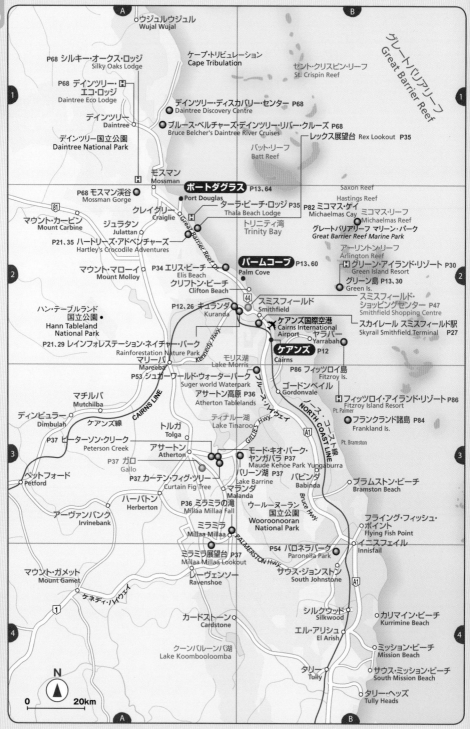

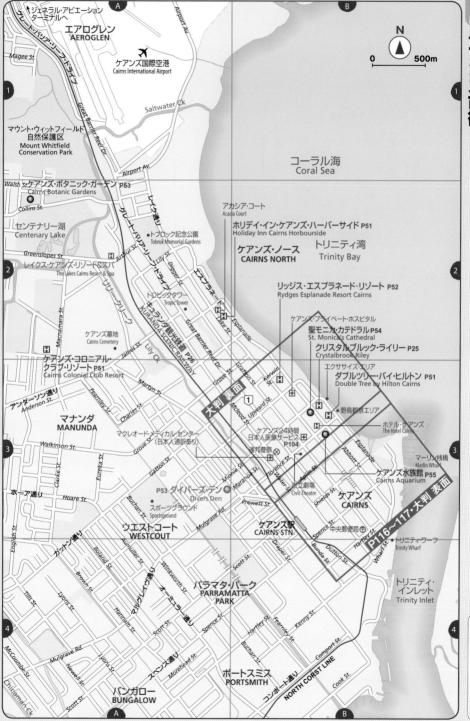

N
0 500m

ジェネラル・アビエーション
ターミナルへ
グレート・バリア・リーフ・ドライブ
エアログレン
AEROGLEN

Magee St

ケアンズ国際空港
Cairns International Airport

Saltwater Ck

マウント・ウィットフィールド
自然保護区
Mount Whitfield
Conservation Park

Airport Av.

Watsh St ケアンズ・ボタニック・ガーデン P53
Cairns Botanic Gardens

コーラル海
Coral Sea

Collins St.

アカシア・コート
Acacia Court

センテナリー湖
Centenary Lake

ホリデイ・イン・ケアンズ・ハーバーサイド P51
Holiday Inn Cairns Harbourside

Greenslopes St.

ケアンズ・ノース
CAIRNS NORTH

トリニティ湾
Trinity Bay

レイクス・ケアンズ・リゾード&スパ
The Lakes Cairns Resort & Spa

トブロック記念公園
Tobruk Memorial Gardens

Macnamara St.

リッジス・エスプラネード・リゾート P52
Rydges Esplanade Resort Cairns

トロピックタワー
Tropic Tower

ケアンズ・プライベート・ホスピタル
聖モニカ・カテドラル P54
St. Monica's Cathedral

ケアンズ墓地
Cairns Cemetery

KURANDA SCENIC RAILWAY

クリスタルブルック・ライリー P25
Crystalbrook Riley

ケアンズ・コロニアル・
クラブ・リゾート P51
Cairns Colonial Club Resort

エクササイズ・エリア
ダブルツリー・バイ・ヒルトン P51
Double Tree by Hilton Cairns

アンダーソン通り
Anderson St.

マナンダ
MANUNDA

野鳥観察エリア

ホテル・ケアンズ
The Hotel Cairns

マクレオード・メディカル・センター
(日本人通訳あり)

ケアンズ24時間
日本人医療サービス
P104

連邦警察

マーリン桟橋
Marlin Wharf

ホープ通り
Hoare St.

P53 ダイバーズ・デン
Divers Den

ケアンズ水族館 P55
Cairns Aquarium

スポーツグラウンド
Sportsground

ケアンズ
CAIRNS

ウエストコート
WESTCOUT

Civic Theatre

ケアンズ駅
CAIRNS STN.

中央郵便局

トリニティ・ワーフ
Trinity Wharf

パラマタ・パーク
PARRAMATTA
PARK

トリニティ・
インレット
Trinity Inlet

ポートスミス
PORTSMITH

バンガロー
BUNGALOW

NORTH CORST LINE

P116〜117・大判 表面
大判 裏面
周辺図はP114参照

● レストラン・カフェ ● ショップ ● ナイトスポット ● ビューティースポット ● 観光スポット・アクティビティ
H ホテル

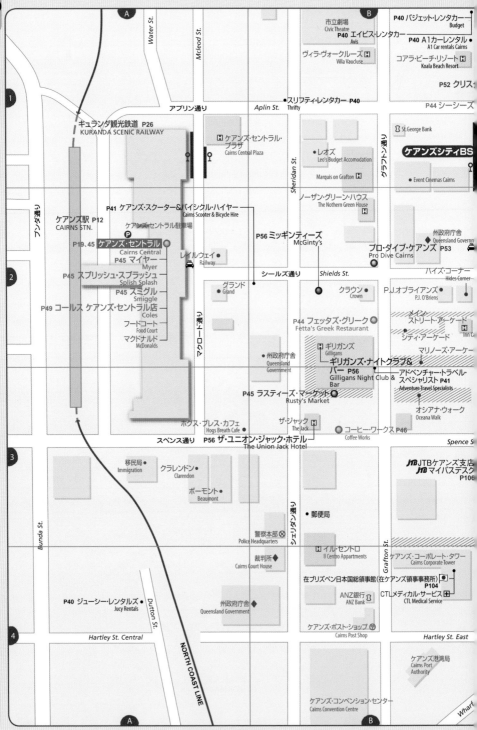

ケアンズタウン（南）

A

Water St.

McLeod St.

市立劇場
Civic Theatre

P40 バジェット・レンタカー
Budget

P40 エイビス・レンタカー
Avis

P40 A1カーレンタル
A1 Car rentals Cairns

ヴィラ・ヴォークルーズ Ⓗ
Villa Vaucluse

コアラ・ビーチ・リゾート Ⓗ
Koala Beach Resort

P52 クリス…

B

アプリン通り
Aplin St.

スリフティ・レンタカー **P40**
Thrifty

P44 シーシーズ

1

キュランダ観光鉄道 **P26**
KURANDA SCENIC RAILWAY

Ⓗ ケアンズ・セントラル・
プラザ
Cairns Central Plaza

Sheridan St.

レオズ
Leo's Budget Accomodation

マーキス・オン・グラフトン Ⓗ
Marquis on Grafton

ノーザン・グリーン・ハウス
The Nothern Green House

グラフトン通り

St.George Bank Ⓑ

ケアンズシティBS

イベント・シネマズ・ケアンズ
Event Cinemas Cairns

ブンダ通り

ケアンズ駅 **P12**
CAIRNS STN.

P41 ケアンズ・スクーター＆バイシクル・ハイヤー
Cairns Scooter & Bicycle Hire

ケアンズセントラル駐車場

Ⓟ ケアンズ・セントラル Ⓗ
Cairns Central

P45 マイヤー
Myer

P45 スプリッシュ・スプラッシュ
Splish Splash

P45 スミグル
Smiggle

P49 コールス ケアンズ・セントラル店
Coles

フードコート
Food Court

マクドナルド
McDonalds

レイルウェイ Ⓗ
Railway

グランド
Grand

シールズ通り
Shields St.

P56 ミッギンティーズ
McGinty's

プロ・ダイブ・ケアンズ **P53**
Pro Dive Cairns

州政府庁舎
Queensland Governm…

ハイズ・コーナー
Hides Corner

クラウン
Crown

P.J.オブライアンズ
P.J. O'Briens

P44 フェッタズ・グリーク
Fetta's Greek Restaurant

メイン・
ストリート・アーケード
Main Street Arcade

シティ・アーケード
City Arcade

Inn Ce…

ゼビア通り

2

州政府庁舎
Queensland
Government

Ⓗ ギリガンズ
Gilligans

ギリガンズ・ナイトクラブ＆
バー **P56**
Gilligans Night Club &
Bar

マリノーズ・アーケー…

アドベンチャー・トラベル・
スペシャリスト **P41**
Adventure Travel Specialists

P45 ラスティーズ・マーケット
Rusty's Market

オシアナ・ウォーク
Oceana Walk

ホグス・ブレス・カフェ
Hogs Breath Cafe

ザ・ジャック Ⓗ
The Jack

コーヒー・ワークス **P46**
Coffee Works

Spence S…

スペンス通り **P56** ザ・ユニオン・ジャック・ホテル
The Union Jack Hotel

3

移民局
Immigration

クラレンドン
Clarendon

ボーモント
Beaumont

Grafton St.

JTBJTBケアンズ支店
jtbマイバスデスク **P106**

Bunda St.

郵便局

ケアンズ・コーポレート・タワー
Cairns Corporate Tower

ケアンズ・セントロ Ⓗ イル・セントロ
Il Centro Apartments

警察本部 Ⓗ
Police Headquarters

裁判所 ◆
Cairns Court House

在ブリズベン日本国総領事館(在ケアンズ領事事務所)
Cairns Corporate Tower **P104**

CTLメディカル・サービス ✚
CTL Medical Service

Dutton St.

P40 ジューシー・レンタルズ
Jucy Rentals

州政府庁舎 ◆
Queensland Government

ANZ銀行 Ⓢ
ANZ Bank

ケアンズ・ポスト・ショップ
Cairns Post Shop

4

Hartley St. Central

NORTH COAST LINE

Hartley St. East

ケアンズ港湾局
Cairns Port
Authority

ケアンズ・コンベンション・センター
Cairns Convention Centre

Wharf

A

B

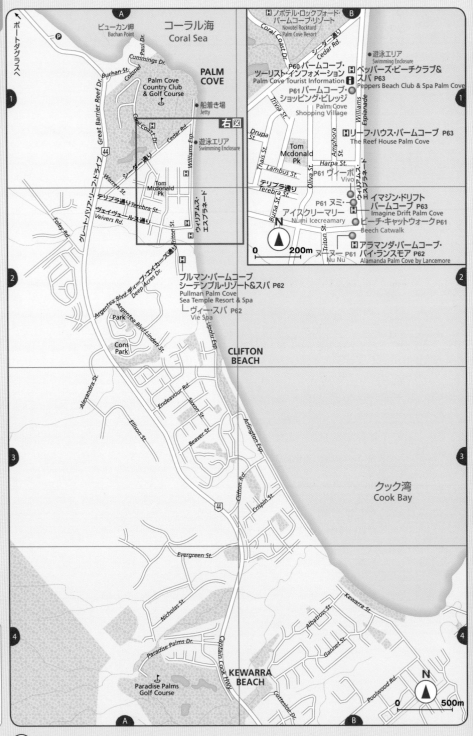

ポートダグラスへ

ビューカン岬
Buchan Point

コーラル海
Coral Sea

PALM COVE

Palm Cove Country Club & Golf Course

船着き場
Jetty

右図

遊泳エリア
Swimming Enclosure

Tom Mcdonald Pk

テリブラ通り Terebra St.

ヴェイヴェールス通り
Veivers Rd.

Park

Cons Park

CLIFTON BEACH

クック湾
Cook Bay

Evergreen St.

Paradise Palms Golf Course

KEWARRA BEACH

N
0   500m

右図 (拡大図)

ノボテル・ロックフォード・パームコーブ・リゾート
Novotel Rockford Palm Cove Resort

遊泳エリア
Swimming Enclosure

P60 パームコーブ・ツーリスト・インフォメーション
Palm Cove Tourist Information

ペッパーズ・ビーチクラブ&スパ P63
Peppers Beach Club & Spa Palm Cove

P61 パームコーブ・ショッピング・ビレッジ
Palm Cove Shopping Village

Tom Mcdonald Pk

リーフ・ハウス・パームコーブ P63
The Reef House Palm Cove

P61 ヴィーボ
Vivo

テリブラ通り
Terebra St.

イマジン・ドリフト・パームコーブ P63
Imagine Drift Palm Cove

P61 ヌミ・アイスクリーマリー
Numi Icecreamary

ビーチ・キャットウォーク P61
Beech Catwalk

P61 ヌ・ヌ
Nu Nu

アラマンダ・パームコーブ・バイ・ランスモア P62
Alamanda Palm Cove by Lancemore

N
0   200m

プルマン・パームコーブ・シーテンプル・リゾート&スパ P62
Pullman Palm Cove Sea Temple Resort & Spa

ヴィー・スパ P62
Vie Spa

周辺図はP114参照

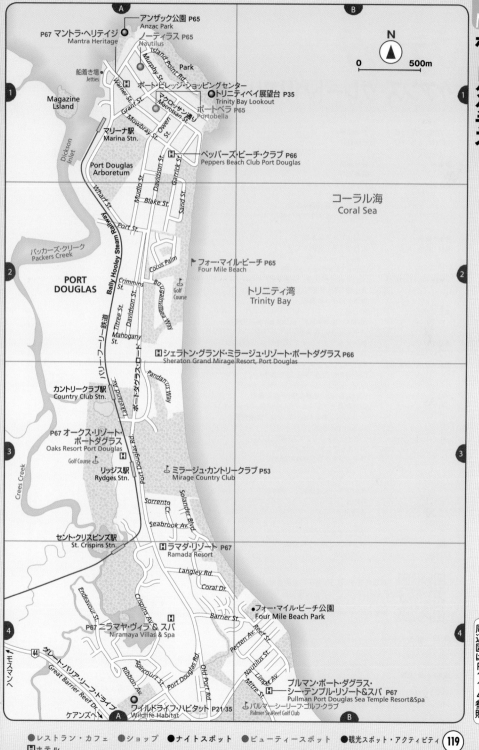

アンザック公園 P65
Anzac Park

P67 マントラ・ヘリテイジ
Mantra Heritage

ノーティラス P65
Nautilus

Park

N

0　　　500m

船溜まり場
Jetties

ポート・ビレッジ・ショッピングセンター

トリニティベイ展望台 P35
Trinity Bay Lookout

マクロッサン通り

ポートベラ P65
Portobella

Magazine
Lsland

マリーナ駅
Marina Stn.

Port Douglas
Arboretum

ペッパーズ・ビーチ・クラブ P66
Peppers Beach Club Port Douglas

Dickson Inlet

コーラル海
Coral Sea

バッカーズ・クリーク
Packers Creek

PORT
DOUGLAS

フォー・マイル・ビーチ P65
Four Mile Beach

トリニティ湾
Trinity Bay

Golf
Course

シェラトン・グランド・ミラージュ・リゾート・ポートダグラス P66
Sheraton Grand Mirage Resort, Port Douglas

カントリークラブ駅
Country Club Stn.

P67 オークス・リゾート・
ポートダグラス
Oaks Resort Port Douglas

Golf Course

リッジス駅
Rydges Stn.

ミラージュ・カントリークラブ P53
Mirage Country Club

Crees Creek

セント・クリスピンズ駅
St. Crispins Stn.

ラマダ・リゾート P67
Ramada Resort

Langley Rd.

Coral Dr.

フォー・マイル・ビーチ公園
Four Mile Beach Park

Barrier St.

P67 ニラマヤ・ヴィラ＆スパ
Niramaya Villas & Spa

グレート・バリア・リーフ・ドライブ
Great Barrier Reef Dr.

モスマンへ

ケアンズへ

ワイルドライフ・ハビタット P21・35
Wildlife Habitat

プルマン・ポート・ダグラス・
シー・テンプル・リゾート＆スパ P67
Pullman Port Douglas Sea Temple Resort&Spa

パルマー・シーリーフ・ゴルフ・クラブ
Palmer SeaReef Golf Club

周辺図はP114参照

●レストラン・カフェ　●ショップ　●ナイトスポット　●ビューティースポット　●観光スポット・アクティビティ
Ⓗホテル

ララチッタ
ケアンズ・グレートバリアリーフ
CAIRNS GREAT BARRIER REEF

2024年 3月15日 初版印刷
2024年 4月 1日 初版発行

編集人	井垣達廣
発行人	盛崎宏行
発行所	JTBパブリッシング
	〒135-8165
	東京都江東区豊洲5-6-36
	豊洲プライムスクエア11階
企画・編集	情報メディア編集部
取材・執筆・撮影	近藤ゆう子／藤田有希子
	Cairns Showkai Pty Ltd／
	Cairns Lens Photography
	エイジャ (小野正恵／佐藤未来)
	犬小屋 (津久井美智江／山下里美)
	波津久淳子／堤静恵
本文デザイン	BEAM
	BUXUS (佐々木恵里、森川太郎、早川照美)
	i'll Products／エストール
表紙デザイン	ローグ クリエイティブ (馬場貴裕／西浦隆大)
シリーズロゴ	ローグ クリエイティブ (馬場貴裕／西浦隆大)
編集・取材・写真協力	K&Bパブリッシャーズ／三枝紀恵／西村光司
	Cairns Showkai／Naoki Yoshihashi
	Dominic Chaplin／Hiroko Miyayama
	La-vie Bridal (星野二郎)／松田朝昭
	佐野和恵／ブルーム／Tourism Queensland
	Shangri-La,The Maria,Cairns／渡邊美穂
	Robert Linsdell
	JTBオーストラリア／TRAVELBOX
	JTBオセアニア ケアンズ支店
	クイーンズランド州政府観光局
	ハミルトン・アイランド・リゾート
	ディープシーダイバーズデン／TTNQ
	中村朋子／大矢由紀子／神寄恭子
	PIXTA
イラスト	森田宏子
地図制作	ジェイ・マップ／トラベル・ドットネット／
	アトリエプラン
組版	TOPPAN／ローヤル企画
印刷所	TOPPAN

編集内容や、乱丁、落丁のお問合せはこちら

JTBパブリッシング お問合せ

https://jtbpublishing.co.jp/contact/service/

おでかけ情報満載
https://rurubu.jp/andmore/

※続刊予定あり